FALE INGLÊS ANTES DE VIAJAR

ALBERTO DOMINGOS GONÇALVES

FALE INGLÊS ANTES DE VIAJAR

Aprenda a conversar em viagens, praticando apenas 15 minutos por dia

3ª REIMPRESSÃO

DISAL EDITORA

© 2013 Alberto Domingos Gonçalves
Copidesque: Carla Finger
Preparação de texto: Daniela Piva Reyes de Melo / Verba Editorial
Capa e Projeto gráfico: Alberto Mateus
Diagramação: Crayon Editorial
Fotos: iStockphoto
Assistente editorial: Aline Naomi Sassaki
CD
Produtora: JM produção de áudio
Locutores: Christopher Johnston, Michael Miller, Noreen Gelencser e Shirly Gabay

Dados Internacionais de Catalogação na Publicação (CIP)
(Câmara Brasileira do Livro, SP, Brasil)

Gonçalves, Alberto Domingos
    Fale inglês antes de viajar : aprenda a conversar em viagens
praticando apenas 15 minutos por dia / Alberto Domingos
Gonçalves. -- 1. ed. -- Barueri, SP : DISAL, 2013.

    Bibliografia.
    ISBN 978-85-7844-131-9
    1. Inglês - Estudo e ensino I. Título.

13-02089   CDD-420.7

            Índices para catálogo sistemático:
            1. Inglês : Estudo e ensino 420.7

Todos os direitos reservados em nome de:
Bantim, Canato e Guazzelli Editora Ltda.

Alameda Mamoré 911 – cj. 107
Alphaville – BARUERI – SP
CEP: 06454-040
Tel. / Fax: (11) 4195-2811
Visite nosso site: www.disaleditora.com.br
Televendas: (11) 3226-3111

Fax gratuito: 0800 7707 105/106
E-mail para pedidos: comercialdisal@disal.com.br

SUMÁRIO

APRESENTAÇÃO

Fale Inglês Antes de Viajar é ideal para quem pretende visitar países de língua inglesa e se expressar na língua local.

Com este livro você irá aprender novas palavras e frases relacionadas a situações reais de viagem, aperfeiçoar a pronúncia e treinar a fluência.

O curso exige uma prática de apenas 15 minutos por dia e contém avaliações de aprendizado regulares. Assim, ao final de cada lição, você fará exercícios de escrita e compreensão para reforçar e revisar o conteúdo estudado. Ao término de cada unidade, você poderá fazer um checkpoint que avalia de modo seletivo alguns dos principais tópicos aprendidos até então. Todas as lições apresentam um quadro com dicas úteis e informações culturais.

O curso contém 2 CDs de áudio com a gravação de todas as palavras, frases e diálogos correspondentes a cada dia específico de aula, assim como dos diálogos dos exercícios e das avaliações do checkpoint.

No final do livro, o Guia de Respostas apresenta todas as respostas dos exercícios e das avaliações do checkpoint.

COMO USAR ESTE LIVRO

Este curso foi preparado para você estudar uma página por dia durante 15 minutos. Ele está organizado em 8 unidades temáticas as quais somam 39 lições. Cada lição foi dividida em 3 páginas, sendo a última de exercícios de reforço e revisão. Desta forma, você completa uma lição a cada 3 dias. Ao término de cada unidade, você fará um checkpoint, uma avalição seletiva da unidade. Assim, estudando uma página de 15 minutos por dia, você terá completado o curso em 125 dias, o equivalente a 18 semanas ou 4 meses.

Como estudar uma lição

Para completar cada lição você precisará estudar 15 minutos por dia durante 3 dias. Cada página da lição corresponde a 1 dia. Vejas os passos que você precisará realizar para facilitar e otimizar cada uma desses 3 dias.

Primeiro Dia da Lição: Vocabulário e Frases (15 minutos)

1 VOCABULÁRIO (5 a 7 minutos): O primeiro dia sempre começa com uma lista das principais palavras e expressões que você precisará aprender para construir as frases e os diálogos que lhe ajudarão a alcançar o objetivo da lição.

- PASSO 1: Leia cada uma dessas palavras e expressões atentando-se a sua escrita e tradução para o português.
- PASSO 2: Ouça o CD de áudio pelo menos duas (2) vezes e pronuncie cada uma dessas palavras e expressões em voz alta.
- PASSO 3: Tente decorar a escrita, a pronúncia e a tradução de cada palavra ou expressão antes de passar para a próxima etapa.

2 FRASES (8 a 10 minutos): Aqui você encontrará as principais frases e perguntas que você poderá ouvir e, às vezes, falar para alcançar o objetivo da lição.

- PASSO 1: Leia cada uma dessas frases e perguntas prestando atenção na sua escrita e na tradução para o português. Algumas dessas frases são respostas de perguntas que você irá aprender no dia seguinte.
- PASSO 2: Ouça o CD de áudio pelo menos duas (2) vezes e pronuncie cada uma dessas frases e perguntas em voz alta, seguindo o ritmo e a entonação do locutor.
- PASSO 3: Tente decorar a escrita, a pronúncia e a tradução de cada frase e pergunta antes de concluir esse dia e passar para a próxima etapa no dia seguinte.

Segundo Dia da Lição: Frases, Diálogo, Conversão e Dicas Úteis (15 minutos)

Antes de começar o segundo dia, revise o áudio do primeiro dia da lição.

3 FRASES (8 a 10 minutos): O segundo dia sempre começa com as principais frases e perguntas que você poderá falar para alcançar o objetivo da lição.

- PASSO 1: Leia cada uma dessas frases e perguntas atentando-se a sua escrita e tradução para o português. Algumas dessas frases são respostas de perguntas que você aprendeu no dia anterior.
- PASSO 2: Ouça o CD de áudio pelo menos duas (2) vezes e pronuncie cada uma dessas frases e perguntas em voz alta, seguindo o ritmo e a entonação do locutor.
- PASSO 3: Tente decorar a escrita, a pronúncia e a tradução de cada frase e pergunta antes de passar para a próxima etapa.

4 **DIÁLOGO** (3 a 5 minutos): Aqui você encontrará um diálogo com as frases e perguntas a serem estudadas na lição para que você perceba como as falas se encaixam em uma situação real de viagem.

- PASSO 1: Ouça o CD de áudio pelo menos duas (2) vezes .
- PASSO 2: Pronuncie todo o diálogo em voz alta.

5 **CONVERSAÇÃO** (1 minuto): Aqui você encontrará algumas mudanças em relação às partes em destaque do diálogo anterior.

- PASSO 1: Veja as mudanças que este exercício propõe fazer no diálogo.
- PASSO 2: Leia em voz alta o diálogo novamente, substituindo as partes em destaque por essas mudanças.

DICAS ÚTEIS (1 minuto): Aqui você encontrará algumas dicas úteis e informações culturais que enriquecem o seu aprendizado. Algumas dicas poderão ser incluídas nos exercícios, por isso você precisará lê-las com cuidado e às vezes decorá-las.

Terceiro Dia da Lição: Exercícios (15 minutos)

Antes de começar o terceiro dia da lição, revise o áudio das aulas 1 e 2 da lição.

Em momento algum consulte o conteúdo das aulas anteriores ao fazer esses exercícios. Eles ajudam a reforçar e revisar o conteúdo estudado, incluindo, às vezes, aquelas dicas úteis.

EXERCÍCIO (5 minutos): Aqui você encontra tipos diferentes de exercícios de vocabulário, frases, perguntas e diálogos estudados nas aulas 1 e 2 da lição.

- PASSO 1: Antes de fazer cada exercício, leia o enunciado e as respostas com bastante atenção.
- PASSO 2: Não consulte o guia de respostas até ter terminado o exercício de áudio, que é sempre o último exercício deste dia.

EXERCÍCIO (10 minutos): Aqui você encontrará exercícios de diálogos com áudio que refletem, em parte ou no todo, os diálogos estudados na lição.

- PASSO 1: Leia primeiramente o enunciado com bastante atenção e depois as perguntas e possíveis respostas para se familiarizar com o seu conteúdo.
- PASSO 2: Ouça o CD de áudio pelo menos duas (2) vezes e faça o maior número de anotações possíveis em um papel.
- PASSO 3: Somente após ouvir o CD de áudio por pelo menos duas (2) vezes, fazer as anotações em um papel e se sentir confiante é que você poderá começar a responder ao exercício. Alguns exercícios são simples, mas outros poderão conter algumas "pegadinhas". É muito importante que você preste atenção a detalhes de pronúncia.
- PASSO 4: Somente após preencher todos os exercícios é que você poderá consultar o guia de respostas e acompanhar o áudio novamente com o roteiro dos diálogos.

Checkpoint (15 minutos)

O checkpoint, ao final de cada unidade, avalia de forma seletiva alguns dos principais tópicos aprendidos até este ponto no curso. Em momento algum consulte o conteúdo das lições anteriores ao fazer esta avaliação.

Aqui você encontrará exercícios semelhantes aos outros da unidade e por isso você deve seguir as mesmas instruções.

Não se esqueça de ler com bastante atenção o enunciado de cada exercício antes de fazê-lo.

Somente após preencher todos os exercícios é que você poderá consultar o guia de respostas e acompanhar o áudio novamente com o roteiro dos diálogos.

UNIDADE 1

SITUAÇÕES COMUNS DE VIAGEM

NESTE CAPÍTULO:

LIÇÃO 1
Nomes, Países e Profissões

LIÇÃO 2
Telefone e Endereços

LIÇÃO 3
Dias e Meses

LIÇÃO 4
Dias da Semana e Hora

CHECKPOINT #1
Avaliação

LIÇÃO 1

NOMES, PAÍSES E PROFISSÕES

Nesta lição, você irá aprender a se apresentar e falar sobre **nomes**, **países** e **profissões** durante situações comuns de viagem.

◀ 1 VOCABULÁRIO Ouça a estas letras do alfabeto, palavras e expressões, pronuncie-as em voz alta e tente decorá-las.

A B C D E F G H I J K L M N O P Q R S T U V W X Y Z

Brazil	Brasil		*Mexico*	México
Canada	Canadá		*name*	nome
to do	fazer		*to spell*	soletrar
a doctor	médico(a)		*a student*	estudante
England	Inglaterra		*a teacher*	professor(a)
a lawyer	advogado(a)		*The United States*	Estados Unidos

◀ 2 FRASES Ouça as perguntas que você poderá ouvir ou utilizar sobre nomes, países e profissões, pronuncie-as em voz alta e tente decorá-las.

What's your name?	Qual é o seu nome?
Where are you from?	De onde você é?
What do you do?	O que você faz?
Can you spell it, please?	Poderia soletrar, por favor?

3 **FRASES** Ouça as respostas que você poderá ouvir ou utilizar sobre nomes, países e profissões, pronuncie-as em voz alta e tente decorá-las.

My name is Paulo Rocha.	Meu nome é Paulo Rocha.
It's R – O – C – H – A. Paulo Rocha.	É R – O – C – H – A. Paulo Rocha.
I am from Brazil.	Eu sou do Brasil.
I am a lawyer.	Sou advogado.

4 **DIÁLOGO** Ouça **PAULO Z. ROCHA**, um turista brasileiro, conversando com **PHIL JOHNSON**, um cidadão americano, sobre nomes, países e profissões. Em seguida leia em voz alta.

PHIL: *Hello, I'm Phil Johnson. What's your name?*
PAULO: *Hi, Phil. My name is Paulo Rocha.*
PHIL: *Can you spell it, please?*
PAULO: *It's R – O – C – H – A. Paulo Rocha.*
PHIL: *Where are you from?*
PAULO: *I am from Brazil.*
PHIL: *What do you do?*
PAULO: *I am a lawyer.*

5 **CONVERSAÇÃO** Leia o diálogo acima em voz alta, substituindo as partes em destaque pelas seguintes informações:

Nome: seu nome
Profissão: sua profissão

OUTRAS PROFISSÕES COMUNS:

an accountant contador(a)	**a dentist** dentista
an architect arquiteto(a)	**an engineer** engenheiro(a)
a businessman executivo	**a nurse** enfermeiro(a)
a businesswoman executiva	**a secretary** secretário(a)
a computer programmer programador(a)	

6 **EXERCÍCIO** Desembaralhe as letras e escreva de maneira correta o nome desses países e profissões; em seguida, leia-os em voz alta.

1. S – U – N – B – E – S – A – N – S – I – M

2. G – E – L – N – D – A – N

3. T – O – C – N – A – T – C – N – A – U

4. T – R – A – S – Y – C – E – E – R

5. N – T – T – S – E – D – U

7 **EXERCÍCIO** Escreva em inglês as seguintes perguntas e depois leia-as em voz alta.

1. *Como você pergunta a uma pessoa o que ela faz?*

2. *Como você pergunta a uma pessoa de onde ela é?*

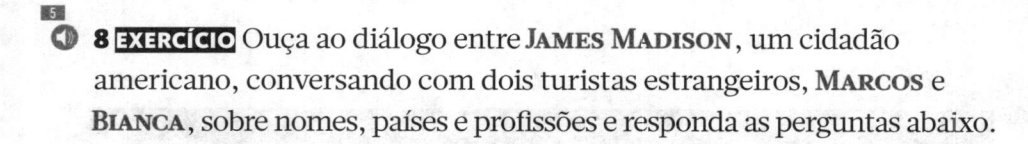

8 **EXERCÍCIO** Ouça ao diálogo entre **JAMES MADISON**, um cidadão americano, conversando com dois turistas estrangeiros, **MARCOS** e **BIANCA**, sobre nomes, países e profissões e responda as perguntas abaixo.

1. *Qual é o sobrenome do MARCOS?*
   A. *LORENZ*　　**B.** *LORINS*　　**C.** *LORENS*

2. *Verdadeiro ou Falso: BIANCA é professora e MARCOS é médico.*
   A. *Verdadeiro*　**B.** *Falso*　　**C.** *Não diz*

3. *Qual turista mora na Europa?*
   A. *BIANCA*　　**B.** *MARCOS*　　**C.** *Nenhum dos dois*

4. *Qual é o sobrenome da BIANCA?*
   A. *MATIAS*　　**B.** *MATHIAS*　**C.** *MATHIES*

LIÇÃO 2
TELEFONE E ENDEREÇOS

Nesta lição, você irá aprender a falar sobre **telefone** e **endereços** ao dar informações pessoais durante situações comuns de viagem.

6

1 VOCABULÁRIO Ouça a esses números, palavras e expressões, pronuncie-os em voz alta e tente decorá-los.

0	1	2	3	4
zero, oh	*one*	*two*	*three*	*four*
5	6	7	8	9
five	*six*	*seven*	*eight*	*nine*

address	endereço	*e-mail address*	endereço de e-mail
at, @	arroba	*phone number*	número de telefone
dot com dot br	ponto com ponto br	*to stay*	hospedar-se
double	dobrado, duplicado	*word*	palavra

7

2 FRASES Ouça as perguntas que você poderá ouvir ou utilizar sobre telefone e endereços, pronuncie-as em voz alta e tente decorá-las.

Where are you staying?	Onde você está hospedado?
What's the address of the Royal Hotel?	Qual é o endereço do Royal Hotel?
What's your phone number?	Qual é o número do seu telefone?
What's your e-mail address?	Qual é o seu endereço de e-mail?

3 FRASES Ouça as respostas que você poderá ouvir ou utilizar sobre telefone e endereços, pronuncie-as em voz alta e tente decorá-las.

I am staying at the Royal Hotel.	Estou hospedado no Royal Hotel.
The address is 380 Jackson Street.	O endereço é Jackson Street, 380.
My phone number is three seven eight, double four two nine.	Meu número de telefone é 378-4429.
My e-mail is paulozrocha, that's all one word	Meu e-mail é paulozrocha, uma palavra só
at freemail dot com	arroba freemail ponto com

4 DIÁLOGO Ouça **PAULO Z. ROCHA**, um turista brasileiro, conversando com **PHIL JOHNSON**, um cidadão americano, sobre telefone e endereços. Em seguida, leia o trecho em voz alta.

PHIL: *Where are you staying?*
PAULO: *I am staying at the Royal Hotel.*
PHIL: *What's the address of the Royal Hotel?*
PAULO: *The address is 380 Jackson Street.*
PHIL: *What's your phone number?*
PAULO: *My phone number is three seven eight, double four two nine (378-4429).*
PHIL: *What's your e-mail address?*
PAULO: *My e-mail is paulozrocha, that's all one word, at freemail dot com.*

5 CONVERSAÇÃO Leia o diálogo acima em voz alta, substituindo as partes em destaque pelas seguintes informações:

Nome do Hotel: *Star Hotel*
Endereço do hotel: *601 East Lake Street*
Número de telefone: *five four nine, eight three seven two (549-8372)*
Endereço de e-mail: seu e-mail

DICAS PARA FALAR NÚMEROS DE TELEFONE:
O Zero (o): Para o número zero (0), fale **zero** ("zirou") ou **oh** ("ou"). Em 0506 fale **zero five zero six** ou **oh five oh six**.
Número Dobrado: Para dois números iguais em sequência (ex. 77), use a palavra **double**. Em 7733 fale **double seven double three** ou **seven seven three three**.
0800: Para 0800 fale **zero/oh, eight hundred**.

6 EXERCÍCIO Complete as lacunas conforme as dicas e depois leia as sentenças em voz alta. Siga o exemplo:

1. 479	*The address is four seven nine Jackson Street.*
2. 5349-2213	*My phone number is _____.*
3. 508	*The address is _____ Park Street.*
4. 9573-0346	*My phone number is _____.*

7 EXERCÍCIO Baseado na resposta dada, escreva a pergunta apropriada e depois leia a sentença em voz alta.

I am staying at the Paradise Hotel.

_____

_____

8 EXERCÍCIO Ouça ao diálogo entre **JAMES MADISON**, um cidadão americano, conversando com um turista estrangeiro e responda as perguntas abaixo.

1. *Em que hotel o turista está hospedado?*
   A. *Palm Garden Hotel*   **B.** *Palm Grand Hotel*   **C.** *Palm Golden Hotel*

2. *Qual é o nome da rua do hotel em que o turista está hospedado?*
   A. *Pine Street*   **B.** *Vine Road*   **C.** *Pine Road*   **D.** *Vine Street*

3. *Qual é o número de telefone do turista?*
   A. *392–5213*   **B.** *293–5312*   **C.** *292–5213*   **D.** *293–3512*

4. *Qual é o e-mail do turista?*
   A. *vaderman974@freemail.com*   **B.** *warden974@freemail.com*
   C. *warren974@freemail.com*

<table>
<tr><td>**LIÇÃO 3**
DIAS E MESES</td><td>Nesta lição, você irá aprender a falar sobre **dias** e **meses** durante situações comuns de viagem.</td></tr>
</table>

🔊 **11**

1 VOCABULÁRIO Ouça a esses números, meses do ano, palavras e expressões, pronuncie-os em voz alta e tente decorá-los.

eleven	*twelve*	*thirteen*	*fourteen*	*fifteen*	*sixteen*	*seventeen*
11	12	13	14	15	16	17
eighteen	*nineteen*	*twenty*	*twenty-one*	*twenty-two*	*twenty-three*	*thirty*
18	19	20	21	22	23	30

January	*February*	*March*	*April*	*May*	*June*
janeiro	fevereiro	março	abril	maio	junho
July	*August*	*September*	*October*	*November*	*December*
julho	agosto	setembro	outubro	novembro	dezembro

to arrive	chegar	*to leave*	partir, sair
day	dia	*week*	semana
how long	quanto tempo	*when*	quando

🔊 **12**

2 FRASES Ouça as perguntas que você poderá ouvir ou utilizar sobre dias e meses, pronuncie-as em voz alta e tente decorá-las.

How long have you been here?	Há quanto tempo você está aqui?
When did you arrive?	Quando você chegou?
How long will you be staying?	Quanto tempo você vai ficar?
When will you be leaving?	Quando você irá partir?

3 FRASES Ouça as respostas que você pode ouvir ou utilizar sobre dias e meses, pronuncie-as em voz alta e tente decorá-las.

I have been here for eight (8) days.	Eu estou aqui há 8 dias.
I arrived on October three (3).	Eu cheguei no dia 3 de outubro.
I will be staying for five (5) more days.	Eu vou ficar por mais 5 dias.
I will be leaving on October sixteen (16).	Eu vou partir no dia 16 de outubro.

4 DIÁLOGO Ouça **Paulo Rocha**, um turista brasileiro, conversando com **Phil Johnson**, um cidadão americano, sobre dias e meses. Em seguida, leia o trecho em voz alta.

Phil: *How long have you been here, Paulo?*
Paulo: *I have been here for eight (8) days.*
Phil: *When did you arrive?*
Paulo: *I arrived on October three (3).*
Phil: *How long will you be staying?*
Paulo: *I will be staying for five (5) more days.*
Phil: *When will you be leaving?*
Paulo: *I will be leaving on October sixteen (16).*

5 CONVERSAÇÃO Leia o diálogo acima em voz alta, substituindo as partes em destaque pelas seguintes informações:

Tempo de chegada: *two (2) weeks*
Data de chegada: *March seven (7)*
Tempo de estadia: *one (1) more week*
Data de partida: *March twenty-eight (28)*

ALGUNS DIAS IMPORTANTES NOS ESTADOS UNIDOS:		
February 14 **Valentine's Day** dia dos namorados	July 4 **Independence Day** dia da independência	November 11 **Veteran's Day** dia dos veteranos
April 1 **April's Fool Day** dia da mentira	October 31 **Halloween** dia das bruxas	December 25 **Christmas Day** dia de natal

6 **ESCREVA** Escreva os meses do ano na tabela abaixo a partir de seis (6) dicas dadas e depois leia-os em voz alta. Nem todos os meses estão incluídos.

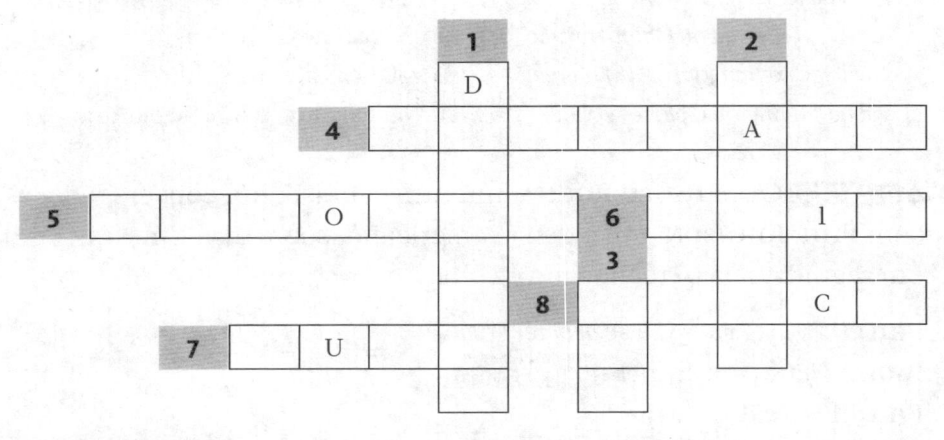

7 **EXERCÍCIO** Faça o cálculo matemático e escreva a resposta correta em inglês. Siga o exemplo:

1.	$2 \times 9 - 4 =$	*Fourteen*
2.	$16 \div 4 + 7 =$	_____
3.	$3 \times 8 - 6 =$	_____
4.	$30 \div 3 - 7 \times 5 =$	_____

8 **EXERCÍCIO** Ouça ao diálogo entre **JAMES MADISON**, um cidadão americano, conversando com um turista estrangeiro sobre dias e meses e responda as perguntas abaixo.

1. *Há quanto tempo o turista está no país?*
   A. *2 dias*   **B.** *12 dias*   **C.** *20 dias*
2. *Em que dia e mês o turista chegou no país?*
   A. *2 de outubro*   **B.** *12 de outubro*   **C.** *20 de outubro*
3. *Quanto tempo o turista pretende ficar no país?*
   A. *Mais 2 dias*   **B.** *Mais 3 dias*   **C.** *Mais 6 dias*
4. *Em que dia e mês o turista irá deixar o país?*
   A. *30 de outubro*   **B.** *13 de outubro*   **C.** *31 de outubro*
5. Em que dia e mês JAMES MADISON e o turista estão conversando?
   A. *21 de outubro*   **B.** *23 de outubro*   **C.** *24 de outubro*

LIÇÃO 4

DIAS DA SEMANA E HORA

Nesta lição, você irá aprender a falar sobre **dias da semana** e **hora** em relação a programações turísticas durante situações comuns de viagem.

1 VOCABULÁRIO Ouça a esses dias da semana, palavras e expressões, pronuncie-os em voz alta e tente decorá-los.

Sunday	Monday	Tuesday	Wednesday	Thursday	Friday	Saturday
domingo	segunda	terça	quarta	quinta	sexta	sábado

a.m.	antes do meio dia	*park*	parque
bank	banco	*p.m.*	depois do meio dia
to close	fechar	*restaurant*	restaurante
from	de (com sentido de "desde")	*shopping mall*	shopping center
o'clock	no relógio, hora	*store*	loja
to open	abrir	*theater*	teatro

2 FRASES Ouça as perguntas que você poderá ouvir ou utilizar sobre dias e horários de programações turísticas, pronuncie-as em voz alta e tente decorá-las.

What time is it?	Que horas são?
What time does the theater open?	Que horas abre o teatro?
What time does the park close on Tuesday?	Que horas fecha o parque na terça?
When is the museum open?	Quando o museu fica aberto?

3 FRASES Ouça as respostas que você poderá ouvir ou utilizar sobre dias e horários de programações turísticas, pronuncie-as em voz alta e tente decorá-las.

It's eight fifteen a.m.	São oito e quinze da manhã.
The theater opens at nine o'clock a.m.	O teatro abre às nove horas da manhã.
The park closes at six p.m. on Tuesday.	O parque fecha às seis da tarde na terça.
The museum is open from ten a.m. to eight p.m., Tuesday to Sunday.	O museu fica aberto das dez da manhã às oito da noite de terça a domingo.

4 DIÁLOGO Ouça **PAULO ROCHA**, um turista brasileiro, conversando com **ANDREW**, um guia turístico, sobre dias e horários da programação turística. Em seguida leia em voz alta.

PAULO: *What time is it?*
ANDREW: *It's eight fifteen a.m.*
PAULO: *What time does the theater open?*
ANDREW: *The theater opens at nine o'clock a.m.*
PAULO: *What time does the park close on Tuesday?*
ANDREW: *The park closes at six p.m. on Tuesday.*
PAULO: *When is the museum open?*
ANDREW: *The museum is open from ten a.m. to eight p.m., Tuesday to Sunday.*

5 CONVERSAÇÃO Leia o diálogo acima em voz alta, substituindo as partes em destaque pelas seguintes informações:

Hora: *nine twenty a.m.*
Abertura do teatro: *one thirty p.m.*
Fechamento do parque: *eight thirty p.m.*
Horário do museu: *from one p.m. to five p.m.*

COMO DIZER AS HORAS:			
two o'clock duas horas	two fifteen duas e quinze	two thirty duas e meia	fifteen to three quinze para as três
two oh five duas e cinco	two twenty duas e vinte	twenty to three vinte para as três	five to three cinco para as três

6 EXERCÍCIO Escreva as horas e depois leia-as em voz alta. Siga o exemplo:

1. 9:17 a.m.   *It's nine seventeen a.m.*
2. 3:45 p.m.   _____
3. 11:08 a.m.   _____
4. 6:37 p.m.   _____
5. 12:30 p.m.   _____

7 EXERCÍCIO Desembaralhe as letras e escreva de forma correta o nome dos dias da semana; em seguida, leia-os em voz alta.

1. S – Y – U – D – H – T – A – R
_____

2. Y – N – E – A – W – D – E – S – D
_____

3. T – A – R – S – A – U – Y – D
_____

4. S – U – Y – D – E – T – A
_____

8 EXERCÍCIO Ouça ao diálogo entre **ANDREW**, um guia turístico, conversando com um turista estrangeiro sobre dias e horários da programação turística e responda as perguntas abaixo.

1. *Que horas são?*
   A. 7:08 a.m.   **B.** 8:07 a.m.   **C.** 8:17 a.m.

2. *Que horas o museu fecha na sexta-feira?*
   A. 4:20 p.m.   **B.** 4:30 p.m.   **C.** 4:40 p.m.

3. *Que horas a loja abre?*
   A. 9:15 a.m.   **B.** 9:45 a.m.   **C.** 9:05 a.m.

4. *Quais os horários em que o shopping center fica aberto?*
   A. 9:20 a.m – 9:30 p.m.   **B.** 9:30 a.m. – 10:20 p.m.
   C. 10:20 a.m. – 9:30 p.m.

5. *Em qual dia da semana o shopping center não está aberto?*
   A. Segunda   **B.** Sábado   **C.** Terça

CHECKPOINT #1
AVALIAÇÃO

1 Complete as lacunas conforme as dicas e depois leia as sentenças em voz alta.

1. engenheiro   I'm an _____ .

2. médico   I'm a _____ .

3. executiva   I'm a _____ .

2 Complete as perguntas com base nas respostas indicadas no quadro abaixo e, em seguida, associe a pergunta com a resposta correspondente.

PERGUNTAS

1.   What time does the _____ close on _____? ☐
2.   What time does the _____ open? ☐
3.   When is the _____ open? ☐
4.   What _____ is it? ☐

RESPOSTAS

A. The shopping mall opens at ten oh five a.m.

B. The restaurant is open from eleven thirty a.m. to three p.m., Monday to Friday.

C. It's five o'clock p.m.

D. The bank closes at four p.m. on Wednesday.

3 Ouça a quatro (4) mini diálogos relacionados à data de referência abaixo e, baseado no seu entendimento, assinale a resposta que contem a data correta.

TODAY - MAY 25

1. **A.** I arrived on May twelve.   **B.** I arrived on May twenty.
2. **A.** I will be leaving on June nine.   **B.** I will be leaving on June eight.
3. **A.** I arrived on May four.   **B.** I arrived on May eleven.
4. **A.** I will be leaving on May twenty-eight.   **B.** I will be leaving on June fifteen.

DINHEIRO E COMPRAS

LIÇÃO 5
PREÇO E FORMAS DE PAGAMENTO

Nesta lição, você irá aprender a falar sobre **preços** e **formas de pagamento** em situações de compras.

22
🔊 **1 VOCABULÁRIO** Ouça a esses números, palavras e expressões, pronuncie-os em voz alta e tente decorá-los.

40	*forty*	100	*one hundred*	1000	*one thousand*
50	*fifty*	101	*one hundred and one*	1001	*one thousand and one*
60	*sixty*	150	*one hundred and fifty*	1500	*one thousand, five hundred*
70	*seventy*	200	*two hundred*	2000	*two thousand*
80	*eighty*	300	*three hundred*	3000	*three thousand*
90	*ninety*	400	*four hundred*	4000	*four thousand*

to buy	comprar	*how much*	quanto custa
cash	dinheiro (papel)	*postcard*	cartão-postal
cell phone	telefone celular	*to sell*	vender
computer	computador	*sunglasses*	óculos de sol
credit card	cartão de crédito	*traveler's check*	cheque de viagem

23
🔊 **2 FRASES** Ouça as frases que você pode ouvir ou utilizar sobre preços e formas de pagamento, pronuncie-as em voz alta e tente decorá-las.

Can I help you?	Posso ajudá-lo?
Let me show them to you.	Vou lhe mostrar.
It's one thousand, three hundred dollars.	Ele custa mil e trezentos dólares.
They're eighty-nine ninety.	Eles custam oitenta e nove e noventa.
How would you like to pay?	Como gostaria de pagar?

3 FRASES Ouça as frases que você pode ouvir ou utilizar sobre preços e formas de pagamento, pronuncie-as em voz alta e tente decorá-las.

I need to buy a computer.	Preciso comprar um computador.
Do you sell sunglasses?	Vocês vendem óculos de sol?
How much is this computer?	Quanto custa este computador?
How much are these postcards?	Quanto custam estes cartões postais?
I'll take this one.	Vou levar este.
Do you accept credit cards?	Vocês aceitam cartões de crédito?
I will pay by credit card.	Eu pagarei com cartão de crédito.

4 DIÁLOGO Ouça **Paulo Rocha**, um turista brasileiro, conversando com **Roger**, um balconista, sobre preços e formas de pagamento. Em seguida leia em voz alta.

Roger: *Can I help you?*
Paulo: *I need to buy a computer.*
Roger: *Let me show them to you.*
Paulo: *How much is this computer?*
Roger: *It's one thousand, three hundred dollars.*
Paulo: *I'll take this one.*
Roger: *How do you want to pay?*
Paulo: *Do you accept credit cards?*
Roger: *Yes, we do.*
Paulo: *I will pay by credit card.*

5 CONVERSAÇÃO Leia o diálogo acima em voz alta, substituindo as partes em destaque pelas seguintes informações:

Produto: *cell phone*
Preço: *one hundred dollars*
Forma de pagamento: *with a traveler's check*

COMO DIZER PREÇOS EM DÓLARES:	
$0.45	**forty-five cents**
$14.50	**fourteen fifty** ou **fourteen dollars and fifty cents**
$145.00	**one hundred and forty-five dollars**
$1,045.00	**one thousand and forty-five dollars**
$1,400.00	**one thousand, four hundred dollars** ou **fourteen hundred dollars**
$1,450.00	**one thousand, four hundred and fifty dollars**

6 EXERCÍCIO Escreva os valores em dólares e depois leia-os em voz alta. Siga o exemplo:

1.	$357.00	*Three hundred and fifty-seven dollars.*
2.	$49.68	_____
3.	$862.99	_____
4.	$2,173.00	_____

7 EXERCÍCIO Complete as lacunas conforme as dicas e depois leia as perguntas em voz alta. Siga o exemplo:

1.	*cartão-postal*	*How much is this postcard?*
2.	*óculos de sol*	*How much_____?*
3.	*telefone celular*	*How much_____?*
4.	*computadores*	*How much_____?*

8 EXERCÍCIO Ouça o diálogo entre **ROGER**, o balconista de uma loja, conversando com uma cliente sobre preços e formas de pagamento de alguns produtos e responda as perguntas abaixo.

1. *Quais os produtos sobre quais o cliente busca informações?*
   A. *Computador e cartão-postal*
   B. *Telefone celular e cartão-postal*
   C. *Óculos de sol e telefone celular*

2. *Quanto custa o produto que o cliente comprou?*
   A. *$153.00*　　　　**B.** *$1,053.00*
   C. *$123.00*

3. *Quanto custa o produto que o cliente não comprou?*
   A. *$133.00*　　　　**B.** *$143.00*
   C. *$253.00*

4. *Qual o produto que o cliente comprou?*
   A. *Computador*　　**B.** *Óculos de sol*
   C. *Telefone celular*

LIÇÃO 6
TROCANDO DINHEIRO

Nesta lição, você irá aprender a conversar com o caixa na casa de câmbio sobre **moeda corrente** e **valores** para trocar dinheiro.

27

1 VOCABULÁRIO Ouça a essas palavras e expressões, pronuncie-as em voz alta e tente decorá-las.

Brazilian real (R$)	real (pl. reais)	*exchange office*	casa de câmbio
to change	trocar	*exchange rate*	taxa de câmbio
currency	moeda corrente	*foreign currency*	moeda estrangeira
dollar	dólar (pl. dólares)	*pound sterling (£)*	libra esterlina (Reino Unido)
euro(€)	euro (pl. euros)	*rate*	taxa

28

2 FRASES Ouça a essas frases do caixa trocando dinheiro, pronuncie-as em voz alta e tente decorá-las.

What would you like?	O que o senhor gostaria?
The current rate is one dollar (US$1.00) to one point ninety-nine Brazilian reais (R$1.99).	A taxa de câmbio atual é de um dólar para um real e noventa e nove centavos.
How much do you want to change?	Quanto o senhor quer trocar?
Fifteen hundred Brazilian reais (R$1,500.00) at the current exchange rate is seven hundred and fifty-three dollars (US$753.00).	Mil e quinhentos reais na taxa de câmbio de hoje são setecentos e cinquenta e três dólares.

29

3 FRASES Ouça a essas frases do turista trocando dinheiro, pronuncie-as em voz alta e tente decorá-las.

Do you exchange foreign currency here?	Vocês trocam moeda estrangeira aqui?
I'd like to exchange some Brazilian reais and get some dollars.	Gostaria de trocar alguns reais por dólares.
What is your exchange rate for the Brazilian real?	Qual é a taxa de câmbio para o real?
I'd like to change fifteen hundred Brazilian reais (R$1,500.00) into dollars.	Gostaria de trocar mil e quinhentos reais em dólares.

30

4 FRASES Ouça GEORGE, o caixa, conversando com PAULO ROCHA, um turista brasileiro, trocando dinheiro de uma moeda corrente para outra. Em seguida leia em voz alta.

PAULO: *Do you exchange foreign currency here?*

GEORGE: *Yes, we do. What would you like?*

PAULO: *I'd like to exchange some Brazilian reais and get some dollars. What is your exchange rate for the Brazilian real?*

GEORGE: *The current rate is one dollar (US$1.00) to one point ninety-nine Brazilian reais (R$1.99). How much do you want to change?*

PAULO: *I'd like to change fifteen hundred Brazilian reais (R$1,500.00) into dollars.*

GEORGE: *Fifteen hundred Brazilian reais (R$1,500.00) at the current exchange rate is seven hundred and fifty-three dollars (US$753.00).*

5 CONVERSAÇÃO: Leia o diálogo acima em voz alta, substituindo as partes em destaque pelas seguintes informações:

Valor da troca em reais: *seventeen hundred Brazilian reais (R$ 1,700.00)*
Valor da troca em dólares: *eight hundred and fifty-four dollaras (US$ 854.00)*

OUTRAS MOEDAS CORRENTES IMPORTANTES:	
yen (¥) iene (Japão)	**yuan (¥)** iuã, iuane ou iuan (China)
franc (Fr. / SFr) franco suíço (Suíça)	**rand (R)** rand (África do Sul)

6 EXERCÍCIO Ligue as palavras à esquerda com o seu complemento à direita.

1. *pound*	*real*
2. *Brazilian*	*office*
3. *foreign*	*sterling*
4. *exchange*	*currency*

7 EXERCÍCIO Complete as lacunas conforme as dicas e depois leia as sentenças em voz alta.

1. R$1,300.00	*I'd like to change _____ Brazilian reais into dollars.*
2. R$158.00	*_____ Brazilian reais at the current exchange rate is seventy-nine dollars.*
3. US$635.00	*I'd like to change _____ dollars into euros.*

8 EXERCÍCIO Ouça aos diálogos entre **ADAM** e **PEGGY**, dois turistas, conversando com **BRENT**, um caixa na casa de câmbio, trocando dinheiro de uma moeda corrente para outra e responda as perguntas abaixo.

1. *Verdadeiro ou Falso: PEGGY conseguiu uma taxa de câmbio pior que a de ADAM.*
　A. *Verdadeiro*　　　**B.** *Falso*　　　　**C.** *Não diz*

2. *Com quanto dinheiro o ADAM ficará depois da troca?*
　A. *$1,410.00*　　　**B.** *$1,411.00*　　　**C.** *$1,412.00*

3. *Verdadeiro ou Falso: ADAM precisou gastar mais dinheiro que PEGGY para trocar os seus euros por uma quantia semelhante em dólar.*
　A. *Verdadeiro*　　　**B.** *Falso*

4. *Qual foi a taxa de câmbio que PEGGY conseguiu?*
　A. *0.73*　　　**B.** *1.73*　　　**C.** *0.63*　　　**D.** *1.63*

Nesta lição, você irá aprender a conversar com o vendedor sobre **peças de roupas**, **tamanhos** e **promoções** para comprar roupas em uma loja.

1 VOCABULÁRIO Ouça a essas palavras e expressões, pronuncie-as em voz alta e tente decorá-las.

to buy	comprar	*sale*	promoção, liquidação
dress	vestido	*shirt*	camisa
to fit	servir	*skirt*	saia
fitting room	provador	*size*	tamanho
large	grande, tamanho G	*small*	pequeno, tamanho P
medium	médio, tamanho M	*to try*	experimentar, provar
pair of pants	calça	*to wear*	vestir

2 FRASES Ouça a essas frases do vendedor da loja de roupas, pronuncie-as em voz alta e tente decorá-las.

How can I help you, madam?	Em que posso ajudá-lo senhora?
What size do you wear?	Que tamanho você usa?
Here's medium size.	Aqui está no tamanho médio.
The fitting room is over there.	O provador fica ali.
Did the shirt fit you?	A camisa serviu?
It's on sale. It's thirty-nine dollars ($39.00).	Está na promoção. Fica em trinta e nove dólares.

3 FRASES Ouça a essas frases do cliente comprando roupas, pronuncie-as em voz alta e tente decorá-las.

I am looking for a shirt.	Estou procurando uma camisa.
I usually wear medium size.	Normalmente uso tamanho médio.
Can I try it on? Where is the fitting room?	Posso experimentar? Onde fica o provador?
The shirt is too large.	A camisa ficou grande demais.
Do you have this in small?	Você tem no tamanho pequeno?
How much is this shirt? Is it on sale?	Quanto custa esta camisa? Está na promoção?
I'm going to buy it.	Vou levar este.

4 DIÁLOGO Ouça **LISA**, a vendedora da loja, conversando com **JANET**, uma cliente, comprando roupas. Em seguida leia em voz alta.

LISA: *How can I help you, madam?*
JANET: *I am looking for a shirt.*
LISA: *What size do you wear?*
JANET: *I usually wear medium size.*
LISA: *Here's medium size.*
JANET: *Can I try it on? Where is the fitting room?*
LISA: *The fitting room is over there.*
(minutos mais tarde)
LISA: *Did the shirt fit you?*
JANET: *The shirt is too large. Do you have this in small?*
LISA: *Here's small size.*
JANET: *How much is this shirt?*
LISA: *It's on sale. It's thirty-nine dollars ($39.00).*
JANET: *I'm going to buy it.*

5 CONVERSAÇÃO Leia o diálogo acima em voz alta, substituindo as partes em destaque pelas seguintes informações:

Roupa: *dress*
Tamanho inicial: *large*
Tamanho correto: *medium*

OUTRAS ROUPAS E TAMANHOS COMUNS:			
suit	**jacket**	**pair of socks**	**extra large**
terno	jaqueta	par de meias	tamanho GG

6 EXERCÍCIO Complete as lacunas conforme as dicas e depois leia as sentenças em voz alta.

1. saia	*Did the _____ fit you?*
2. grande	*Here's _____ size.*
3. vestido	*I am looking for a _____ .*
4. tamanho	*What _____ do you wear?*
5. calça	*How much is this _____ ?*
6. provador	*The _____ is over there.*

7 EXERCÍCIO Associe a melhor resposta para cada uma das quatro (4) perguntas abaixo e depois leia-as em voz alta.

1. ☐ *It's on sale. It's thirty-nine dollars.*	**A.** *Did the shirt fit you?*
2. ☐ *I am looking for a shirt.*	**B.** *Can I try it on? Where is the fitting room?*
3. ☐ *The shirt is too large.*	**C.** *How much is this shirt? Is it on sale?*
4. ☐ *The fitting room is over there.*	**D.** *How can I help you, madam?*

8 EXERCÍCIO Ouça aos diálogos entre **BARBARA**, a vendedora de uma loja de roupas, conversando com dois clientes, **DONALD** e **PATRICIA**, comprando roupas e responda as perguntas abaixo. Assinale **V** para VERDADEIRO e **F** para FALSO.

	Verdadeiro	Falso
1. *PATRICIA está experimentando um vestido.*	☐	☐
2. *PATRICIA e DONALD acharam a roupa grande e pediram para a vendedora trocar.*	☐	☐
3. *O vestido da PATRICIA ficou mais barato que a calça do DONALD.*	☐	☐
4. *O tamanho da roupa do DONALD é G.*	☐	☐
5. *PATRICIA normalmente veste tamanho M, mas comprou uma roupa no tamanho P.*	☐	☐

LIÇÃO 8
COMPRANDO CALÇADOS

Nesta lição, você irá aprender a conversar com o vendedor sobre **tamanho**, **cor** e **preço** para comprar calçados em uma loja.

37
🔊 **1 VOCABULÁRIO** Ouça a essas palavras e expressões, pronuncie-as em voz alta e tente decorá-las.

boots	botas	*men's shoes*	calçados masculinos
half (½)	meio (½)	*running shoes*	tênis de corrida
high heels	sapato de salto alto	*smaller*	menor
larger	maior	*tight*	apertado
loose	folgado	*women's shoes*	calçados femininos

38
🔊 **2 FRASES** Ouça a essas frases do vendedor da loja de calçados, pronuncie-as em voz alta e tente decorá-las.

Can I help you find anything?	Posso ajudá-lo a encontrar algo?
What's your size?	Qual é o seu tamanho?
What color of shoes do you prefer?	Que cor de sapatos você prefere?
Here are sizes nine and a half (9½) and ten (10).	Aqui estão nos tamanhos nove e meio e dez.
Did the shoes fit you?	Os sapatos serviram?
They are sixty-nine dollars ($69.00).	São sessenta e nove dólares.

OUTROS CALÇADOS COMUNS:		
flat shoes / flats	**sandals**	**sneakers**
sapatos sem salto	sandálias	tênis, calçado esportivo
flip-flops	**slippers**	**tennis shoes**
sandálias de dedo (de borracha)	chinelos	tênis

3 FRASES Ouça a essas frases do cliente comprando calçados, pronuncie-as em voz alta e tente decorá-las.

I'm looking for men's shoes.	Estou procurando sapatos masculinos.
Nine and a half (9½) or ten (10).	Nove e meio ou dez.
I prefer black.	Eu prefiro preto.
These shoes are tight.	Esses sapatos estão apertados.
Do you have a larger size?	Vocês têm um tamanho maior?
They fit well.	Eles servem bem.
How much are these?	Quanto custam estes?
I'll take these.	Vou levar estes.

4 DIÁLOGO Ouça JOSHUA, o vendedor de uma loja, conversando com PAULO ROCHA, um cliente, comprando calçados. Em seguida leia em voz alta.

JOSHUA: *Can I help you find anything?*
PAULO: *I'm looking for men's shoes.*
JOSHUA: *What's your size?*
PAULO: *Nine and a half (9½) or ten (10).*
JOSHUA: *What color of shoes do you prefer?*
PAULO: *I prefer black.*
JOSHUA: *Ok. Here are sizes nine and a half (9½) and ten (10).*
JOSHUA: *Did the shoes fit you?*
PAULO: *These shoes are tight. Do you have a larger size?*
JOSHUA: *Here's size ten and a half (10½).*
PAULO: *They fit well. How much are these?*
JOSHUA: *They are sixty-nine dollars ($69.00).*
PAULO: *I'll take these.*

5 CONVERSAÇÃO Leia o diálogo acima em voz alta, substituindo as partes em destaque pelas seguintes informações:

Calçado: *high heels*
Cor: *brown*
Encaixe: *loose*
Pedido: *smaller*
Tamanho: *nine (9)*

6 EXERCÍCIO Complete as lacunas conforme as dicas e depois leia as sentenças em voz alta.

1. cor	*What _____ of shoes do you prefer?*
2. calçados femininos	*I'm looking for _____.*
3. folgado	*These shoes are _____.*
4. menor	*Do you have a _____ size?*
5. meio (½)	*Here are sizes eight and a _____ and nine.*

7 EXERCÍCIO Ordene as palavras para construir a pergunta e leia-a em voz alta.

shoes / you / running / what / do / color /prefer / of ?

_____

_____

8 EXERCÍCIO Ouça aos diálogos entre KENNETH, o vendedor de uma loja, conversando com dois clientes, DONALD e PATRICIA, comprando calçados e responda as perguntas abaixo.

1. *Verdadeiro ou Falso: PATRICIA quer comprar um sapato de salto alto e DONALD quer comprar botas.*
   A. *Verdadeiro*   **B.** *Falso*
   C. *Não diz*

2. *Qual dos dois está pagando mais pelo seu calçado?*
   A. *PATRICIA*   **B.** *DONALD*

3. *Verdadeiro ou Falso: A diferença de preço do calçado da PATRICIA para o calçado do DONALD é de dez dólares.*
   A. *Verdadeiro*   **B.** *Falso*
   C. *Não diz*

4. *Qual calçado ficou apertado e precisou ser trocado?*
   A. *Da PATRICIA*   **B.** *Do DONALD*

5. *Verdadeiro ou Falso: DONALD comprou um calçado tamanho dez e meio.*
   A. *Verdadeiro*   **B.** *Falso*
   C. *Não diz*

CHECKPOINT #2
AVALIAÇÃO

1 Ordene as palavras para construir as perguntas e leia-as em voz alta.

1. would / pay / to / how / like / you / ?

_____

2. help / anything / I / find / can / you / ?

_____

2 Associe a melhor resposta para cada uma das cinco (5) perguntas abaixo e depois leia-as em voz alta.

1.	☐ *These shoes are tight.*	A. *What color of shoes do you prefer?*
2.	☐ *I'm looking for men's shoes.*	B. *Do you have a larger size?*
3.	☐ *I prefer brown.*	C. *Can I help you find anything?*
4.	☐ *Ten and a half or eleven.*	D. *Did the shoes fit you?*
5.	☐ *Here's size seven and a half.*	E. *What's your size?*

3 Ouça a três (3) mini diálogos entre uma vendedora e três (3) clientes conversando sobre tamanho e preço de roupas e preencha o quadro abaixo conforme as opções. Existem opções sobrando.

CLIENTE	ROUPA	TAMANHO CORRETO	PREÇO
1.			
2.			
3.			

ROUPA	TAMANHO CORRETO	PREÇO
A. *camisa*	**A.** *P*	**A.** *73.00*
B. *vestido*	**B.** *M*	**B.** *38.00*
C. *calça*	**C.** *G*	**C.** *63.00*
D. *saia*	**D.** *GG*	**D.** *72.00*
E. *jaqueta*		**E.** *28.00*

UNIDADE 3

TRANSPORTE TERRESTRE

NESTE CAPÍTULO:

LIÇÃO 9
Pedindo Orientações

LIÇÃO 10
Pegando o Táxi

LIÇÃO 11
Saindo do Táxi

LIÇÃO 12
Escolha do Carro para Aluguel

LIÇÃO 13
Tarifas Diárias e Seguro do Carro

CHECKPOINT #3
Avaliação

LIÇÃO 9
PEDINDO ORIENTAÇÕES

Nesta lição, você irá aprender a conversar com pedestres para **pedir orientações** na cidade.

43
🔊 **1 VOCABULÁRIO** Ouça a essas palavras e expressões, pronuncie-as em voz alta e tente decorá-las.

avenue	avenida		*on your left*	à sua esquerda
bank	banco		*post office*	correio
block	quarteirão, quadra		*road*	rua
to go down	descer		*street*	rua
museum	museu		*theater*	teatro
next to	próximo a		*to turn right*	virar à direita

44
🔊 **2 FRASES** Ouça a essas frases de um pedestre passando orientações na cidade, pronuncie-as em voz alta e tente decorá-las.

There's one near here.	Existe um próximo daqui.
It's on Oak Street.	Fica na Rua Oak.
Go down this street for three blocks until you get to Oak Street.	Desça esta rua por três quadras até chegar à Rua Oak.
Turn left on Oak Street.	Vire à esquerda na Rua Oak.
The post office is on your right, next to the bank.	O correio fica à sua direita, próximo ao banco.

3 FRASES Ouça a essas perguntas de um turista pedindo orientações na cidade, pronuncie-as em voz alta e tente decorá-las.

Excuse me, could you help me?	Com licença, poderia me ajudar?
Is there a post office around here?	Existe algum correio aqui perto?
Can you give me directions to the post office?	Você poderia me indicar como chegar ao correio?
Can you show me this on the map?	Pode me mostrar no mapa?

4 DIÁLOGO Ouça **ANDREW**, o pedestre, conversando com **PAULO ROCHA**, um turista, pedindo orientações na cidade. Em seguida leia em voz alta.

PAULO: *Excuse me, could you help me? Is there a post office around here?*

ANDREW: *There's one near here. It's on Oak Street.*

PAULO: *Can you give me directions to the post office? Can you show me this on the map?*

ANDREW: *Go down this street for three blocks until you get to Oak Street. Turn left on Oak Street. The post office is on your right, next to the bank.*

5 CONVERSAÇÃO Leia o diálogo acima em voz alta, substituindo as partes em destaque pelas seguintes informações:

Local que se procura: *bank*
Rua do banco: *Main Street*
Quarteirões que se anda: *five (5) blocks*
Lado que se vira: *turn right*
Local do banco: *on your left, next to the theater*

OUTRAS POSSÍVEIS ORIENTAÇÕES:	
across from do outro lado da rua	**on the corner of** na esquina
between entre	**opposite** em frente
go straight ahead seguir em frente	**to walk past** passar por

6 EXERCÍCIO Assinale a quem pertence cada uma das cinco (5) frases abaixo.

	TURISTA	PEDESTRE
1. Turn left on Main Street.	☐	☐
2. Is there a museum around here?	☐	☐
3. The theater is on your right.	☐	☐
4. Can you show me this on the map?	☐	☐
5. Go down this street for three blocks until you get to Main Street.	☐	☐

7 EXERCÍCIO Ordene as palavras para construir a sentença e leia-a em voz alta.

street / down / until / Main Street / to / go / for / this /blocks / you / two / get/.

_____

_____

8 EXERCÍCIO Ouça aos diálogos entre **FLOYD**, um pedestre, conversando com dois turistas, **JEREMY** e **SHARON**, pedindo orientações para chegarem em lugares diferentes e responda as perguntas abaixo.

1. Verdadeiro ou Falso: SHARON precisará andar mais para chegar ao seu destino.
   A. Verdadeiro   **B.** Falso   **C.** Não diz

2. Qual dos dois precisará virar a direita ao chegar na rua do destino?
   A. SHARON   **B.** JEREMY   **C.** Os dois   **D.** Nenhum do dois

3. Verdadeiro ou Falso: O correio ao qual SHARON quer ir fica próximo do teatro.
   A. Verdadeiro   **B.** Falso

4. O teatro que JEREMY quer visitar ficar perto de que lugar?
   A. Do museu   **B.** Do correio   **C.** Do banco

5. Verdadeiro ou Falso: SHARON e JEREMY encontram o seu destino no lado direito da rua.
   A. Verdadeiro   **B.** Falso

LIÇÃO 10
PEGANDO O TÁXI

Nesta lição, você irá aprender a conversar com o taxista sobre **endereços**, **distâncias**, **tempo** e **custo** até o lugar de destino ao pegar um táxi.

48

1 VOCABULÁRIO Ouça a essas palavras e expressões, pronuncie-as em voz alta e tente decorá-las.

address	endereço		*miles*	milhas
downtown	centro da cidade		*minutes*	minutos
how far	qual a distância		*nightbclub*	boate
how long	quanto tempo		*restaurant*	restaurante
how much	quanto custa		*shopping mall*	shopping center
luggage	bagagem, mala		*trunk*	porta-malas

49

2 FRASES Ouça a essas frases do taxista pegando um passageiro, pronuncie-as em voz alta e tente decorá-las.

Do you have the address?	Você tem o endereço?
I can take you there.	Posso levá-lo até lá.
It's about ten (10) miles.	São cerca de 10 milhas.
It takes about fifty (50) minutes to get there.	Leva cerca de 50 minutos para chegar lá.
It should cost about forty dollars ($40.00).	Deve custar cerca de 40 dólares.
Let me take care of your luggage.	Pode deixar que eu cuido das malas.

50

3 FRASES Ouça a essas frases de um passageiro pegando um táxi, pronuncie-as em voz alta e tente decorá-las.

Can you take me to the Mirabell Restaurant?	Você pode me levar para o Mirabell Restaurant?
Go to this address, please.	Vá para este endereço, por favor.
How far is it to the restaurant?	Qual é a distância até o restaurante?
How long does it take to get to the restaurant?	Quanto tempo leva para chegar ao restaurante?
How much would it be to the restaurant?	Quanto sairia até o restaurante?
Can I put my luggage in the trunk?	Posso pôr minha mala no porta-malas?

51

4 DIÁLOGO Ouça **LARRY**, um taxista, conversando com **PAULO ROCHA**, um passageiro, pegando o táxi. Em seguida leia em voz alta.

PAULO: *Taxi...Taxi. Can you take me to the Mirabell Restaurant?*
LARRY: *Do you have the address?*
PAULO: *Yes. Go to this address, please.*
LARRY: *I can take you there.*
PAULO: *How far is it to the restaurant?*
LARRY: *It's about ten (10) miles.*
PAULO: *How long does it take to get to the restaurant?*
LARRY: *It takes about fifty (50) minutes to get there.*
PAULO: *How much would it be to the restaurant?*
LARRY: *It should cost about forty dollars ($40.00).*
PAULO: *Can I put my luggage in the trunk?*
LARRY: *Let me take care of your luggage.*

5 CONVERSAÇÃO Leia o diálogo acima em voz alta, substituindo as partes em destaque pelas seguintes informações:

Distância: *twenty-five (25) miles*
Tempo: *one hour and fifteen (1:15) minutes*
Custo: *fifty-five dollars ($55.00)*

OUTROS DESTINOS COMUNS:		
airport	**car rental**	**hotel**
aeroporto	locadora de carros	hotel
amusement park	**convention center**	**theater**
parque de diversão	centro de convenções	teatro

6 EXERCÍCIO Ordene as falas do diálogo de A a L conforme a sequência estudada na lição. Indique também quem deve utilizá-la; utilize **T** para TAXISTA e **P** para PASSAGEIRO. Siga o exemplo:

T	P	
1. ☐		*How long does it take to get to the shopping mall?*
2. ☐		*Let me take care of your luggage.*
3. ☐		*It should cost about fifty-three dollars ($53.00).*
4. ☐		*How much would it be to the shopping mall?*
5. ☐		*Do you have the address?*
6. ☐		*How far is it to the shopping mall?*
7. ☐		*I can take you there.*
8. ☐		*Can I put my luggage in the trunk?*
9. ☐		*Yes. Go to this address, please.*
10. ☐		*It's about forty (40) miles.*
11. **A**	**P**	*Taxi…Taxi. Can you take me to the shopping mall?*
12. ☐		*It takes about one (1) hour to get there.*

🔊 **7 EXERCÍCIO** Ouça aos diálogos entre **LEON**, o taxista, conversando com dois passageiros, **JOEL** e **ANNE**, pegando o táxi e responda as perguntas abaixo.

1. *Verdadeiro ou Falso: ANNE precisa andar oito (8) milhas a mais que JOEL até chegar ao seu destino.*
   A. *Verdadeiro*　　　　**B.** *Falso*　　　　**C.** *Não diz*

2. *Qual o nome do hotel para o qual ANNE quer ir?*
   A. *Parkway*　　　　**B.** *Bourbon*　　　　**C.** *Não diz*

3. *Verdadeiro ou Falso: ANNE vai demorar mais tempo que JOEL até chegar ao seu destino.*
   A. *Verdadeiro*　　　　**B.** *Falso*　　　　**C.** *Não diz*

4. *Quantos dólares JOEL irá pagar por milha até o seu destino?*
   A. *1 dólar por milha*　　**B.** *2 dólares por milha*　　**C.** *3 dólares por milha*

5. *Verdadeiro ou Falso: ANNE irá pagar apenas 2 dólares a mais que JOEL.*
   A. *Verdadeiro*　　　　**B.** *Falso*　　　　**C.** *Não diz*

LIÇÃO 11
SAINDO DO TÁXI

Nesta lição, você irá aprender a conversar com o taxista sobre **local de parada**, **preço da corrida** e **pagamento** ao chegar ao destino.

53

1 VOCABULÁRIO Ouça a essas palavras e expressões, pronuncie-as em voz alta e tente decorá-las.

change	troco		*light*	livre (trânsito), leve
to drive	dirigir		*place*	lugar
faster	mais rápido		*right*	direita
to get off	descer (do táxi)		*slowly*	devagar
to keep	ficar com		*to stop*	parar
left	esquerda		*traffic*	trânsito

54

2 FRASES Ouça a essas frases de um taxista chegando ao destino com o passageiro, pronuncie-as em voz alta e tente decorá-las.

I'll get there in about ten (10) minutes.	Chegaremos em cerca de 10 minutos.
There's a lot of traffic.	Há muito trânsito.
The traffic is light.	O trânsito está livre.
Here we are. This is the place.	Aqui estamos. Este é o lugar.
Where are you getting off?	Onde você quer descer?
That is fourteen dollars and eighty cents ($14.80).	São 14 dólares e 80 centavos.
Here is your change.	Aqui está o seu troco.

3 FRASES Ouça a essas frases do passageiro de um táxi chegando ao seu destino, pronuncie-as em voz alta e tente decorá-las.

Could you drive faster?	Você pode ir mais rápido?
Could you drive more slowly?	Você pode ir mais devagar?
I need to be there in about fifteen (15) minutes.	Preciso chegar lá em cerca de quinze (15) minutos.
Please, stop on the right.	Pare à direita, por favor.
How much is it?	Quanto é?
Here's fifteen dollars ($15.00).	Aqui estão quinze (15) dólares.
You can keep the change.	Você pode ficar com o troco.

4 DIÁLOGO Ouça **LARRY**, um taxista, conversando com **PAULO ROCHA**, um passageiro, saindo do táxi. Em seguida leia em voz alta.

PAULO: *I need to be there in about fifteen (15) minutes. Can you drive faster?*
LARRY: *There's a lot of traffic. I'll get there in about ten (10) minutes.*
(10 minutos depois)
LARRY: *Here we are. This is the place. Where are you getting off?*
PAULO: *Please stop on the right. How much is it?*
LARRY: *That is fourteen dollars and eighty cents ($14.80).*
PAULO: *Here's fifteen dollars ($15.00).*
LARRY: *Here's your change.*
PAULO: *Thank you. You can keep the change.*

5 CONVERSAÇÃO Leia o diálogo acima em voz alta, substituindo as partes em destaque pelas seguintes informações:

Tempo que o passageiro precisa chegar: *twenty-five (25) minutes*
Tempo estimado: *twenty (20) minutes*
Preço da corrida: *thirty-three dollars ($33.00)*
Valor pago: *thirty-five dollars ($35.00)*

OUTRAS INSTRUÇÕES PARA PARAR O TAXISTA:	
Stop here, please. I'm getting off. Pare aqui, for favor. Vou descer.	**Can you stop in front of the restaurant?** Você pode parar em frente ao restaurante?
Stop at the corner, please. Pare na esquina, por favor.	**Please, stop on the other side of the street.** Pare do outro lado da rua, por favor.

6 EXERCÍCIO Assinale a quem pertence cada uma das cinco (5) frases abaixo.

	TAXISTA	PASSAGEIRO
1. *Where are you getting off?*	☐	☐
2. *I need to be there in about fifteen (15) minutes.*	☐	☐
3. *Could you drive more slowly?*	☐	☐
4. *There's a lot of traffic.*	☐	☐
5. *I'll get there in about ten (10) minutes.*	☐	☐

7 EXERCÍCIO Complete as lacunas conforme as dicas e depois leia as sentenças em voz alta.

1. livre	*The traffic is* _____ .
2. troco	*You can keep the* _____ .
3. mais rápido	*Could you drive* _____ ?
4. lugar	*Here we are. This is the* _____ .

8 EXERCÍCIO Ouça aos diálogos entre LEON, um taxista, conversando com dois clientes, JOEL e ANNE, saindo do táxi e responda as perguntas abaixo.

1. *Verdadeiro ou Falso: ANNE deixa o taxista ficar com o troco de 3 dólares e 20 centavos.*
   A. *Verdadeiro* **B.** *Falso* **C.** *Não diz*

2. *Qual o valor do troco que JOEL deixou com o taxista?*
   A. *$3.50* **B.** *$4.50* **C.** *Ele pegou o troco*

3. *Verdadeiro ou Falso: ANNE encontrou o trânsito livre, mas o trânsito do JOEL estava pesado.*
   A. *Verdadeiro* **B.** *Falso* **C.** *Não diz*

4. *Quanto custou a corrida para ANNE?*
   A. *$26.90* **B.** *$17.90* **C.** *$16.90*

5. *Verdadeiro ou Falso: A corrida do JOEL ficou 28 dólares e 60 centavos mais cara que a da ANNE.*
   A. *Verdadeiro* **B.** *Falso* **C.** *Não diz*

LIÇÃO 12
ESCOLHA DO CARRO PARA ALUGUEL

Nesta lição, você irá aprender a conversar com o atendente do serviço de aluguel de carros para escolher o **tipo**, **marca** e **acessórios** do carro que pretende alugar.

58 **1 VOCABULÁRIO** Ouça a essas palavras e expressões, pronuncie-as em voz alta e tente decorá-las.

air bag protection	air bag	*full-size*	tamanho normal, padrão
air conditioning	ar condicionado	*luxury*	carro de luxo
available	disponível	*brand*	marca
car facilities	acessórios do carro	*mid-size*	tamanho médio
CD player	toca CD	*to rent*	alugar
economy	carro econômico	*station wagon*	perua

59 **2 FRASES** Ouça a essas frases do atendente do serviço de aluguel de carros sobre tipo, marca e acessórios do carro, pronuncie-as em voz alta e tente decorá-las.

What kind of car would you like to rent?	Que tipo de carro o senhor gostaria de alugar?
We have economy, mid-size, and luxury.	Temos carros econômicos, de tamanho médio e de luxo.
They may be Ford, GM, or Toyota.	Podem ser da Ford, GM ou Toyota.
It has air bag protection and CD player.	Tem air bag e toca CD.

3 FRASES Ouça a essas frases de um turista sobre tipo, marca e acessórios do carro que pretende alugar, pronuncie-as em voz alta e tente decorá-las.

I would like to rent a car, please.	Gostaria de alugar um carro, por favor.
What do you have available?	O que há disponível?
I'd like to rent a full-size car.	Eu gostaria de alugar um carro de tamanho padrão.
What are the brands?	Quais são as marcas?
I'll take a Ford.	Quero um Ford.
What are the car facilities?	Quais são os acessórios do carro?
I'd like a car with air bag protection.	Gostaria de um carro com air bag.

4 DIÁLOGO Ouça **MICHAEL**, o atendente do serviço de aluguel de carros, conversando com o turista **PAULO ROCHA** sobre tipo, marca e acessórios do carro. Em seguida leia em voz alta.

PAULO: *I would like to rent a car, please.*
MICHAEL: *What kind of car would you like to rent?*
PAULO: *What do you have available?*
MICHAEL: *We have economy, mid-size, and luxury.*
PAULO: *I'd like to rent a full-size car. What are the brands?*
MICHAEL: *They may be Ford, GM, or Toyota.*
PAULO: *I'll take a Ford. What are the car facilities?*
MICHAEL: *It has air bag protection and CD player.*
PAULO: *I'd like a car with air bag protection.*

5 CONVERSAÇÃO Leia o diálogo acima em voz alta, substituindo as partes em destaque pelas seguintes informações:

Tipo de carro escolhido: *luxury*
Marca do carro escolhido: *Toyota*
Acessório do carro escolhido: *CD player*

OUTROS TIPOS E ACESSÓRIOS DE CARRO:	
automatic carro com câmbio automático	**DVD player** aparelho de DVD
baby car seat cadeirinha de bebê	**stick shift** carro com câmbio manual
compact carro compacto	**SUV (sport-utility vehicle)** SUV, utilitário
convertible carro conversível	**van, mini van** van, minivan

6 EXERCÍCIO Complete as perguntas com base nas respostas dadas no quadro abaixo e, em seguida, associe a pergunta com a resposta correspondente.

PERGUNTAS

1. What are the car _____ ? ☐
2. What do you have _____ ? ☐
3. What are the _____ ? ☐

RESPOSTAS

A. They may be Ford, GM, or Toyota.
B. It has air bag protection and CD player.
C. We have economy, mid-size, and luxury.

7 EXERCÍCIO Ouça aos diálogos entre **JEREMY** e **SHARON**, dois turistas, conversando com **JULIE**, uma atendente do serviço de aluguel de carros, sobre tipo, marca e acessórios do carro e responda as perguntas abaixo.

1. Verdadeiro ou Falso: JULIE ofereceu a marca Honda para JEREMY e a SHARON.
   A. Verdadeiro   **B.** Falso

2. Qual dos dois escolheu o carro com um toca CD?
   A. SHARON   **B.** JEREMY
   C. Nenhum dos dois

3. Verdadeiro ou Falso: Nenhum dos carros oferecidos tinha cadeirinha de bebê.
   A. Verdadeiro   **B.** Falso

4. Quem escolheu um carro menor?
   A. SHARON   **B.** JEREMY

5. Verdadeiro ou Falso: SHARON escolheu a marca Toyota e JEREMY a marca Honda.
   A. Verdadeiro   **B.** Falso

LIÇÃO 13
TARIFAS DIÁRIAS E SEGURO DO CARRO

Nesta lição, você irá aprender a conversar com o atendente do serviço de aluguel de carros para escolher a **tarifa diária**, o **seguro** e o **tempo** de aluguel do carro.

63

1 VOCABULÁRIO Ouça a essas palavras e expressões, pronuncie-as em voz alta e tente decorá-las.

CDW coverage	cobertura CDW	*insurance*	seguro
coverage	cobertura	*kilometer*	quilômetro
daily rate	tarifa diária	*mileage*	quilometragem, milhagem
EP coverage	cobertura EP	*to purchase*	comprar, adquirir
full coverage	cobertura total	*unlimited mileage*	quilometragem livre

64

2 FRASES Ouça a essas frases do atendente do serviço de aluguel de carros sobre tarifa diária, seguro e tempo de aluguel, pronuncie-as em voz alta e tente decorá-las.

That's thirty-seven dollars ($37.00) per day including mileage.	*São 37 dólares por dia, incluindo quilometragem.*
Plus ten (10) cents per kilometer.	*Mais 10 centavos por quilômetro.*
Our CDW offers full coverage.	*Nosso seguro CDW oferece cobertura total.*
You can purchase our insurance for an extra twelve dollars ($12.00) a day.	*O senhor pode adquirir o nosso seguro por mais 12 dólares por dia.*
How long will you be renting the car?	*Por quanto tempo o senhor quer alugar o carro?*

3 **FRASES** Ouça a essas frases de um turista sobre tarifa diária, seguro e tempo de aluguel do carro, pronuncie-as em voz alta e tente decorá-las.

What are the daily rates?	Quais as diárias?
Is that unlimited mileage?	A quilometragem é livre?
Do I have to pay by the kilometer?	Tenho que pagar por quilômetro?
What does your insurance cover?	O que o seu seguro cobre?
How much is the insurance?	Quanto custa o seguro?
I'd like CDW coverage.	Gostaria de cobertura CDW.
I'd like to rent a car for a week.	Gostaria de alugar um carro por uma semana.

4 **DIÁLOGO**: Ouça **MICHAEL**, um atendente do serviço de aluguel de carros, conversando com o turista **PAULO ROCHA** sobre tarifas diárias, seguro e tempo de aluguel do carro. Em seguida, leia em voz alta.

PAULO: *What are the daily rates? Is that unlimited mileage?*
MICHAEL: *That's thirty-seven dollars ($37.00) per day including mileage.*
PAULO: *What does your insurance cover?*
MICHAEL: *Our CDW offers full coverage.*
PAULO: *How much is the insurance?*
MICHAEL: *You can purchase our insurance for an extra twelve dollars ($12.00) a day.*
PAULO: *I'd like CDW coverage.*
MICHAEL: *How long will you be renting the car?*
PAULO: *I'd like to rent a car for a week.*

5 **CONVERSAÇÃO** Leia o diálogo acima em voz alta, substituindo as partes em destaque pelas seguintes informações:

Valor da tarifa diária: *fifty-four dollars ($54.00)*
Valor do seguro: *eight dollars ($8.00)*
Tempo de aluguel: *five (5) days*

SEGUROS COM COBERTURA CDW E EP:	
CDW (Collision Damage Waiver)	**EP (Extended Protection)**
Cobertura que isenta quem está alugando o carro de responsabilidade financeira por roubo, perdas ou danos causados ao veículo alugado.	Cobertura que inclui danos ao veículo, propriedade de terceiros e danos pessoais.

6 EXERCÍCIO Escreva, na tabela abaixo, as palavras relacionadas a tarifas diárias e seguro do carro estudadas nesta lição, a partir de sete (7) dicas dadas; depois leia-as em voz alta.

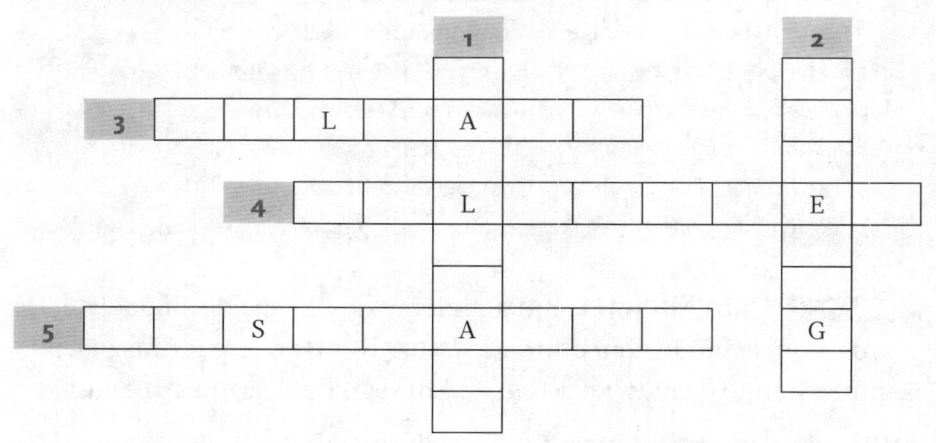

7 EXERCÍCIO Ordene as palavras para construir uma pergunta e leia-a em voz alta.

the / have / kilometer / to / do / by / I / pay / ?

8 EXERCÍCIO Ouça aos diálogos entre **JEREMY** e **SHARON**, dois turistas, conversando com **JULIE**, uma atendente do serviço de aluguel de carros, sobre tarifas diárias, seguro e tempo de aluguel do carro e responda as perguntas abaixo.

1. *Verdadeiro ou Falso: JEREMY irá pagar por tarifa diária apenas um dólar a mais que SHARON.*
   A. *Verdadeiro*   **B.** *Falso*
2. *Qual dos dois optou por quilometragem livre?*
   A. *SHARON*   **B.** *JEREMY*   **C.** *Nenhum dos dois*
3. *Verdadeiro ou Falso: O seguro da SHARON é mais completo que o do JEREMY.*
   A. *Verdadeiro*   **B.** *Falso*
4. *Quem escolheu um seguro mais barato?*
   A. *SHARON*   **B.** *JEREMY*

CHECKPOINT #3

AVALIAÇÃO

1 Complete as lacunas conforme as dicas e depois leia as sentenças em voz alta.

1. correio	Is there a _____ around here?
2. vire à direita	_____ on Oak Street.
3. teatro	Can you give me directions to the _____?
4. ao lado de	The bank is on your right, _____ the museum.
5. quanto tempo	_____ does it take to get to downtown?
6. milhas	It's about ten (10) _____.
7. qual a distância	_____ is it to the nightclub?
8. endereço	Go to this _____, please.
9. quanto custa	_____ would it be to the restaurant?

2 Desembaralhe as letras e escreva de forma correta as palavras abaixo, relacionadas a aluguel de carros.

1. R – U – X – Y – U - L _____

2. I – L – F – E – U – S – L – Z _____

3. O – C – I – M – O – E – N – C _____

4. R – A – B – I – G – A _____

3 Ouça quatro (4) perguntas ou respostas em inglês relacionadas a aluguel de carros e, baseado no que entendeu, assinale a pergunta ou resposta mais apropriada. Irão sobrar duas (2) opções.

1. ☐ **A.** I'd like CDW coverage.

B. I'd like to rent a car for a week.

2. ☐ **C.** What does your insurance cover?

D. Plus thirteen cents per kilometer.

3. ☐ **E.** You can purchase our insurance for an extra twelve dollars a day.

4. ☐ **F.** That's fifty-eight dollars per day including mileage.

UNIDADE 4

HOTEL: CHEGADA E INFORMAÇÕES

NESTE CAPÍTULO:

LIÇÃO 14
RESERVA E VAGA

Nesta lição você irá aprender a conversar com o recepcionista do hotel sobre **reservas** e **vagas** ao fazer o check-in.

69A

1 VOCABULÁRIO Ouça a essas palavras e expressões, pronuncie-as em voz alta e tente decorá-las.

fully booked	lotado		*reservation*	reserva
to check-in	registrar-se		*to spell*	soletrar
last name	sobrenome		*vacancies*	vagas
hotel	hotel		*vacancy*	vaga

69B

2 FRASES Ouça a essas frases da recepcionista do hotel sobre reservas e vagas, pronuncie-as em voz alta e tente decorá-las.

Welcome to the American Plaza Hotel. Can I help you?	Bem-vindo ao American Plaza Hotel. Posso ajudá-lo?
Do you have a reservation?	Você tem reserva?
Can you spell your last name?	Você poderia soletrar o seu sobrenome?
We have vacancy.	Nós temos vaga.
We are fully booked.	Estamos lotados.

70
🔊 **3** FRASES Ouça a essas frases de um hóspede sobre reservas e vagas enquanto faz o check-in no hotel, pronuncie-as em voz alta e tente decorá-las.

Good morning. I'd like to check-in.	Bom dia. Gostaria de fazer o check-in.
I have a reservation.	Eu tenho uma reserva.
I don't have a reservation.	Eu não tenho uma reserva.
Do you have any vacancies?	Vocês têm alguma vaga?
It's R-O-C-H-A. Paulo Rocha.	É R-O-C-H-A. Paulo Rocha.

71
🔊 **4** DIÁLOGO Ouça **SUSAN**, a recepcionista do **AMERICAN PLAZA HOTEL** conversando durante o check-in com o hóspede **PAULO ROCHA** sobre reservas e vagas. Em seguida leia em voz alta.

SUSAN: *Welcome to the American Plaza Hotel. Can I help you?*
PAULO: *Good morning. I'd like to check-in.*
SUSAN: *Do you have a reservation?*
PAULO: *Yes, I have a reservation.*
SUSAN: *Can you spell your last name?*
PAULO: *It's R-O-C-H-A. Paulo Rocha.*

5 CONVERSAÇÃO Leia o diálogo acima em voz alta, substituindo o nome de **PAULO ROCHA** pelo seu próprio nome.

OUTROS TIPOS COMUNS DE HOSPEDAGEM:

bed and breakfast (B&D)
pousada (quarto com café da manhã)

boarding house
pensão

inn
pousada, estalagem

(youth) hostel
albergue (da juventude)

resort
estância, hotel de luxo

6 **EXERCÍCIO** Associe a melhor resposta para cada uma das quatro (4) perguntas abaixo e depois leia-as em voz alta.

1. ☐ *I don't have a reservation.*
2. ☐ *Good morning. I'd like to check-in.*
3. ☐ *It's R–O–C–H–A. Paulo Rocha.*
4. ☐ *We are fully booked.*

A. *Can you spell your last name?*
B. *Do you have any vacancies?*
C. *Do you have a reservation?*
D. *Welcome to the American Plaza Hotel. Can I help you?*

7 **EXERCÍCIO** Escreva em inglês a seguinte pergunta e depois leia-a em voz alta.

Você poderia soletrar o seu sobrenome?

8 **EXERCÍCIO** Ouça aos diálogos entre **JOHN**, o recepcionista de um hotel, conversando durante o check-in com dois hóspedes, **PETE** e **SARAH**, sobre reservas e vagas e responda às perguntas abaixo.

1. *Qual o nome do hotel?*
   A. *ASTOR VILLAGE HOTEL*
   B. *ASTRA PLAZA HOTEL*
   C. *ASTOR PLAZA HOTEL*

2. *SARAH chegou para se hospedar no hotel em que período do dia?*
   A. *Manhã* **B.** *Tarde* **C.** *Noite*

3. *Os clientes chegaram ao hotel com reserva?*
   A. *Sim* **B.** *Não* **C.** *Não diz*

4. *Qual o sobrenome da SARAH?*
   A. *M – I – L – L – E – R* **B.** *M – U – L – L – E – R*
   C. *M – U – L – L – E – N*

5. *Qual o sobrenome do PETE?*
   A. *L – A – C – K – E – Y* **B.** *L – E – C – K – A – Y*
   C. *L – A – C – K – E – I*

LIÇÃO 15
QUARTO E ESTADIA

Nesta lição, você irá aprender a conversar com o recepcionista de um hotel sobre **tipo de quarto**, **número de hóspedes** e **tempo de estadia** ao fazer o check-in.

73A

🔊 **1 VOCABULÁRIO** Ouça a essas palavras e expressões, pronuncie-as em voz alta e tente decorá-las.

double room (DBL)	quarto de casal	*people*	pessoas
night	noite	*room*	quarto, acomodação
group	grupo	*single room (SGL)*	quarto de solteiro
person	pessoa	*week*	semana

73B

🔊 **2 FRASES** Ouça a essas perguntas da recepcionista de um hotel sobre quarto, hóspedes e estadia, pronuncie-as em voz alta e tente decorá-las.

What type of room would you like?	Que tipo de acomodação você deseja?
How many people are in your group?	Há quantas pessoas no seu grupo?
How many nights will you be staying?	Quantas noites você ficará?

3 FRASES Ouça a essas frases de um hóspede sobre quarto, hóspedes e estadia enquanto faz o check-in no hotel, pronuncie-as em voz alta e tente decorá-las.

I'd like a single room.	Eu gostaria de um quarto de solteiro.
I'd like a double room.	Eu gostaria de um quarto de casal.
I need a room for one person.	Preciso de um quarto para uma pessoa.
I need a room for two people.	Preciso de um quarto para duas pessoas.
I need a room for three nights.	Preciso de um quarto para três noites.
I need a room for one week.	Preciso de um quarto para uma semana.

4 DIÁLOGO Ouça SUSAN, a recepcionista do AMERICAN PLAZA HOTEL conversando durante o check-in com o hóspede PAULO ROCHA sobre tipo de quarto, número de hóspedes e tempo de estadia. Em seguida leia em voz alta.

SUSAN: *What type of room would you like?*
PAULO: *I'd like a double room.*
SUSAN: *How many people are in your group?*
PAULO: *I need a room for two people.*
SUSAN: *How many nights will you be staying?*
PAULO: *I need a room for three nights.*

5 CONVERSAÇÃO Leia o diálogo acima em voz alta, substituindo as partes em destaque pelas seguintes informações:

Tipo de quarto: *single room*
Número de hóspedes: *one person*
Tempo de estadia: *two weeks*

OUTROS TIPOS COMUNS DE ACOMODAÇÃO:

adjoining rooms
quartos com comunicação

connecting rooms
quartos conjugados

en suite room
quarto com banheiro

non-smoking room
quarto para
não fumantes

twin room
quarto com duas
camas de solteiro

6 EXERCÍCIO Complete as lacunas conforme as dicas e depois leia as sentenças em voz alta.

1. quarto de solteiro	*I'd like a _____ room.*
2. 2 semanas	*I need a room for _____.*
3. 3 pessoas	*I need a room for _____.*

7 EXERCÍCIO Complete as perguntas com base nas respostas no quadro abaixo e, em seguida, associe a pergunta com a resposta correspondente.

PERGUNTAS

1. *How many _____ are in your group?* ☐
2. *What type of _____ would you like?* ☐
3. *How many _____ will you be staying?* ☐

RESPOSTAS

A. *I need a room for four days.*
B. *I need a room for three people.*
C. *I'd like a double room.*

8 EXERCÍCIO Ouça aos diálogos entre **PETER**, o recepcionista de um hotel, conversando durante o check-in com dois hóspedes, **RICHARD** e **DONNA**, sobre tipo de quarto, número de hóspedes e tempo de estadia e responda as perguntas abaixo.

1. *Que tipo de quarto RICHARD escolheu?*
   A. *Quarto de solteiro*   **B.** *Quarto de casal*

2. *Além da DONNA, quantas outras pessoas ficarão hospedadas no quarto?*
   A. *Mais uma pessoa*   **B.** *Mais duas pessoas*   **C.** *Mais três pessoas*

3. *Quanto tempo RICHARD pretende ficar hospedado?*
   A. *Três diárias*   **B.** *Duas semanas*   **C.** *Três semanas*

4. *Verdadeiro ou Falso: RICHARD ficará mais tempo hospedado que DONNA.*
   A. *Verdadeiro*   **B.** *Falso*   **C.** *Não diz*

5. *Verdadeiro ou Falso: RICHARD irá pagar menos por sua estadia que DONNA.*
   A. *Verdadeiro*   **B.** *Falso*   **C.** *Não diz*

LIÇÃO 16
DIÁRIAS E CAFÉ DA MANHÃ

Nesta lição, você irá aprender a conversar com o recepcionista do hotel sobre **diária**, **café da manhã** e **pagamento** ao fazer o check-in.

1 VOCABULÁRIO Ouça a essas palavras e expressões, pronuncie-as em voz alta e tente decorá-las.

breakfast	café da manhã	*to pay*	pagar
to check out	sair do hotel	*plus tax*	mais imposto
credit card	cartão de credito	*price*	preço
how much	quanto custa	*room rate*	diária

2 FRASES Ouça a essas frases da recepcionista de um hotel sobre diária, café da manhã e pagamento, pronuncie-as em voz alta e tente decora-las.

The room rate is a hundred dollars ($100.00) a night plus tax.	A diária fica em cem dólares por noite, mais imposto.
Breakfast is included in the price.	O café da manhã está incluído no preço.
Breakfast is not included in the price.	O café da manhã não está incluído no preço.
You pay when you check out.	Você paga na saída (no check out).
We accept MasterCard and Visa.	Nós aceitamos MasterCard e Visa.

3 FRASES Ouça a essas frases de um hóspede sobre diária, café da manhã e pagamento enquanto faz o check-in no hotel, pronuncie-as em voz alta e tente decorá-las.

How much is the room rate?	Quanto é a diária?
Is breakfast included in the price?	O café da manhã está incluído no preço?
Do I pay now or at the check out?	Pago agora ou na saída (no check-out)?
Do you accept credit cards?	Vocês aceitam cartões de crédito?

4 DIÁLOGO Ouça **SUSAN**, a recepcionista do **AMERICAN PLAZA HOTEL** conversando durante o check-in com o hóspede **PAULO ROCHA** sobre diária, café da manhã e pagamento. Em seguida leia em voz alta.

PAULO: *How much is the room rate?*
SUSAN: *The room rate is a hundred dollars ($100.00) a night plus tax.*
PAULO: *Is breakfast included in the price?*
SUSAN: *Yes, breakfast is included in the price.*
PAULO: *Do I pay now or at the check out?*
SUSAN: *You pay when you check out.*
PAULO: *Do you accept credit cards?*
SUSAN: *We accept MasterCard and Visa.*

5 CONVERSAÇÃO Leia o diálogo acima em voz alta, substituindo as partes em destaque pelas seguintes informações:

Diária: *seventy-five dollars ($75.00)*
Café da manhã: *No... is not included*
Cartões: *Visa and American Express*

ALGUNS PLANOS DE HOSPEDAGEM:	
European Plan (EP) sem café da manhã	**American Plan (AP)** com café da manhã, almoço e jantar
Continental Plan (CP) com café da manhã	**Modified American Plan (MAP)** com café da manhã e uma refeição

6 EXERCÍCIO Escreva em inglês as seguintes perguntas e depois leia-as em voz alta.

1. *Pago agora ou na saída?*

_____

_____

2. *O café da manhã está incluído no preço?*

_____

_____

7 EXERCÍCIO Ordene as falas do diálogo de A a H conforme a sequência estudada na lição. Indique também quem deve utilizá-la, **R** = recepcionista e **H** = hóspede.

	R	H	
1.	☐		We accept MasterCard and Visa.
2.	☐		You pay when you check out.
3.	☐		Is breakfast included in the price?
4.	☐		The room rate is a fifty-five dollars ($55.00) a night plus tax.
5.	☐		Do I pay now or at the check out?
6.	☐		No, breakfast is not included in the price.
7.	A	H	How much is the room rate?
8.	☐		Do you accept credit cards?

8 EXERCÍCIO Ouça aos diálogos entre LINDA, a recepcionista de um hotel, conversando durante o check-in com dois hóspedes, DAVID e KIMBERLY, sobre diária, café da manhã e pagamento e responda as perguntas abaixo.

1. *Quanto custa a diária do hotel para DAVID?*
   A. *$49.00*　　**B.** *$39.00*　　**C.** *$59.00*

2. *O café da manhã está incluído no preço da diária da KIMBERLY?*
   A. *Sim*　　**B.** *Não*

3. *Quais os cartões de crédito que o hotel aceita?*
   A. *Visa e MasterCard*　　**B.** *MasterCard e American Express*

4. *Quantos dólares KIMBERLY irá pagar a mais que DAVID pela diária?*
   A. *Eles irão pagar o mesmo valor*　　**B.** *8 dólares a mais*　　**C.** *11 dólares a mais*

LIÇÃO 17
NÚMERO DO QUARTO E REGISTRO

Nesta lição, você irá aprender a conversar com o recepcionista do hotel sobre **número, andar e chave do quarto, registro** e **bagagem** ao fazer o check-in.

1 VOCABULÁRIO Ouça a esses números ordinais, palavras e expressões, pronuncie-os em voz alta e tente decorá-los.

1º 1st first	2º 2nd second	3º 3rd third	4º 4th fourth	5º 5th fifth	6º 6th sixth
7º 7th seventh	8º 8th eighth	9º 9th ninth	10º 10th tenth	11º 11th eleventh	12º 12th twelfth
13º 13th thirteenth	14º 14th fourteenth	15º 15th fifteenth	16º 16th sixteenth	17º 17th seventeenth	18º 18th eighteenth
19º 19th nineteenth	20º 20th twentieth	21º 21st twenty-first	22º 22nd twenty-second	23º 23rd twenty-third	24º 24th twenty-fourth

bellhop	carregador de malas	luggage	bagagem, malas
card key	cartão chave	registration form	ficha de registro
to complete	preencher	room number	número do quarto
floor	andar	to sign	assinar

2 FRASES Ouça a essas frases da recepcionista do hotel sobre quarto, registro e bagagem, pronuncie-as em voz alta e tente decorá-las.

You are in room three oh two (302). It's on the third (3rd) floor.	O seu quarto é o 302. Fica no 3º andar.
I need you to complete this registration form.	Preciso que preencha esta ficha de registro.
Sign here, please.	Assine aqui, por favor.
Here's your card key.	Aqui está o seu cartão chave.
The bellhop can take your luggage to your room.	O carregador levará as malas para o seu quarto.

84

3 FRASES Ouça a essas perguntas de um hóspede sobre número e chave do quarto e bagagem enquanto faz o check-in no hotel, pronuncie-as em voz alta e tente decorá-las.

What's my room number?	Qual é o número do meu quarto?
Can I have my card key?	Pode dar-me a minha chave cartão?
Can you help me with the luggage?	Poderia me ajudar com a bagagem?

85

4 DIÁLOGO Ouça **Susan**, a recepcionista do **American Plaza Hotel** conversando durante o check-in com o hóspede **Paulo Rocha** sobre número, andar e chave do quarto, registro e bagagem. Em seguida leia em voz alta.

Paulo: *What's my room number?*
Susan: *You are in room three oh two (302). It's on the third (3rd) floor.*
Susan: *I need you to complete this registration form.*
Paulo: *Can I have my card key?*
Susan: *Here's your card key. Sign here, please.*
Paulo: *Can you help me with the luggage?*
Susan: *The bellhop can take your luggage to your room.*

5 CONVERSAÇÃO Leia o diálogo acima em voz alta, substituindo as partes em destaque pelas seguintes informações:

Número do Quarto: *four oh seven (407)*
Andar do Quarto: *fourth (4th)*

OUTROS TIPOS COMUNS DE PLANOS:	
high season alta estação	**family plan** plano familiar
low season baixa estação ou temporada	**group rate** preço para grupos

6 EXERCÍCIO Complete as lacunas conforme as dicas e depois leia as sentenças em voz alta.

1. 745　*You are in room* _____ .

2. 7º　*It's on the* _____ *floor.*

3. 268　*You are in room* _____ .

4. 2º　*It's on the* _____ *floor.*

7 EXERCÍCIO Ordene as palavras para construir as sentenças e leia-as em voz alta.

1. *luggage / take / the / your / to your /bellhop / room /can / .*

_____

_____

2. *form /this / need / registration / you / I / to complete / .*

_____

_____

8 EXERCÍCIO Ouça os diálogos entre **LINDA**, a recepcionista de um hotel, conversando durante o check-in com dois hóspedes, **DAVID** e **LAURA**, sobre número, andar e chave do quarto, registro e bagagem, e responda as perguntas abaixo.

	VERDADEIRO	FALSO
1. DAVID está no quarto 541.	☐	☐
2. LAURA está no mesmo quarto que DAVID.	☐	☐
3. DAVID está no 15º andar.	☐	☐
4. LAURA está em um andar acima de DAVID.	☐	☐

LIÇÃO 18
COMODIDADES E SERVIÇOS DO HOTEL

Nesta lição, você irá aprender a conversar com os funcionários do hotel sobre **local** e **horário de comodidades** e **serviços** do hotel.

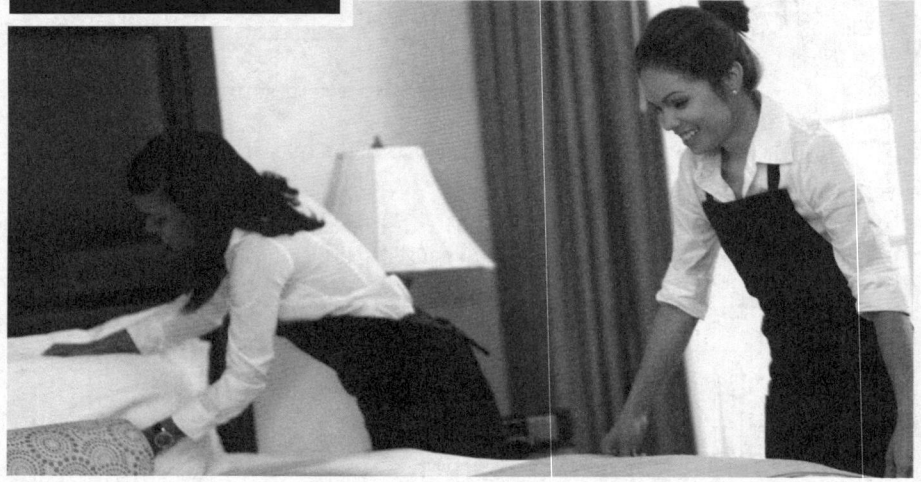

1 VOCABULÁRIO Ouça a essas palavras e expressões, pronuncie-as em voz alta e tente decorá-las.

to close	fechar		*located*	localizado(a)
cocktail bar	bar		*to open*	abrir
convenience store	loja de conveniência		*swimming pool*	piscina
fitness center	sala de ginástica		*time*	horário

2 FRASES Ouça a essas frases do funcionário do hotel dando informações sobre local e horário de comodidades e serviços do hotel, pronuncie-as em voz alta e tente decorá-las.

Yes, there is a fitness center in the hotel.	Sim, há uma sala de ginástica no hotel.
No, there isn't a fitness center in the hotel.	Não há uma sala de ginástica no hotel.
The fitness center is on the second (2nd) floor.	A sala de ginástica fica no 2º andar.
It opens at six (6:00) a.m. and closes at ten (10:00) p.m.	Ela(e) abre às 6 da manhã e fecha às 10 da noite.

3 FRASES Ouça a essas frases do hóspede buscando informações sobre local e horário de comodidades e serviços do hotel, pronuncie-as em voz alta e tente decorá-las.

Is there a fitness center in the hotel?	Há uma sala de ginástica no hotel?
Where is the fitness center located?	Onde está localizada a sala de ginástica?
What time does the fitness center open and close?	Qual é o horário de funcionamento da sala de ginástica?

4 DIÁLOGO Ouça **PHILLIP**, o funcionário do **AMERICAN PLAZA HOTEL**, conversando com o hóspede **PAULO ROCHA** sobre local e horário de comodidades e serviços do hotel. Em seguida leia em voz alta.

PAULO: *Excuse me. Is there a fitness center in the hotel?*
PHILLIP: *Yes, there is a fitness center in the hotel.*
PAULO: *Where is the fitness center located?*
PHILLIP: *The fitness center is on the second (2nd) floor.*
PAULO: *What time does the fitness center open and close?*
PHILLIP: *It opens at six (6:00) a.m. and closes at ten (10:00) p.m.*

5 CONVERSAÇÃO Leia o diálogo acima em voz alta, substituindo as partes em destaque pelas seguintes informações:

Comodidade: *convenience store*
Localização: *tenth (10th) floor*
Horário de abertura: *eleven (11:00) a.m.*
Horário de fechamento: *five (5:00) p.m.*

OUTRAS COMODIDADES E SERVIÇOS COMUNS DO HOTEL:	
child care service serviço de assistência às crianças	**medical/health care** assistência médica
convention center centro de convenções	**parking** estacionamento
laundry service serviço de lavandeira	**restaurant** restaurante

6 EXERCÍCIO Complete as lacunas conforme as dicas e depois leia as sentenças em voz alta.

1. 11°	The convenience store is on the _____ floor.
2. 20°	The fitness center is on the _____ floor.
3. 5:00-18:00	The swimming pool _____ at _____ and _____ at _____.
4. 17:00-02:00	The cocktail bar _____ at _____ and _____ at _____.

7 EXERCÍCIO Escreva a pergunta correspondente para a resposta abaixo e depois leia-a em voz alta.

> The swimming pool opens at five (5:00) a.m. and closes at seven (7:00) p.m.
>
> _____
> _____

8 EXERCÍCIO Ouça aos diálogos entre **LINDA**, a recepcionista de um hotel, conversando com dois hóspedes, **DAVID** e **LAURA**, sobre local e horário de comodidades e serviços do hotel e responda as perguntas abaixo.

1. *Quais são os horários da piscina?*
   A. Abre às 7h / Fecha às 16h   **B.** Abre às 6h / Fecha às 19h
   C. Abre às 6h / Fecha às 17h   **D.** Não diz

2. *Em que andar fica a piscina?*
   A. No 12° andar   **B.** No 20° andar
   C. No 22° andar   **D.** Não diz

3. *Verdadeiro ou Falso: O hotel não tem uma loja de conveniência.*
   A. Verdadeiro   **B.** Falso   **C.** Não diz

4. *Quais são os horários do bar?*
   A. Abre às 18h / Fecha às 2h30   **B.** Abre às 18h / Fecha às 3h30
   C. Abre às 19h / Fecha às 2h30   **D.** Não diz

CHECKPOINT #4
AVALIAÇÃO

1 Assinale a quem pertence cada uma das sete (7) frases abaixo.

	RECEPCIONISTA	HÓSPEDE
1. Do you have any vacancies?	☐	☐
2. Can you spell your last name?	☐	☐
3. Good morning. I'd like to check-in.	☐	☐
4. We have vacancy.	☐	☐
5. I need you to complete this registration form.	☐	☐
6. Can I have my card key?	☐	☐
7. What's my room number?	☐	☐

2 Ordene as palavras para construir as perguntas e leia-as em voz alta.

1. would / room / like / what / of /you / type /?

_____

2. your / in / are / people / many / how /group /?

_____

3. will /many / staying / how / you / nights / be /?

_____

3 Ouça a três (3) perguntas feitas pelos hóspedes sobre número do quarto e andar e, baseado no que entendeu, complete as respostas dadas por SUSAN, a recepcionista do hotel.

1. You are in room _____. It's on the _____ floor.

2. You are in room _____. It's on the _____ floor.

3. You are in room _____. It's on the _____ floor.

UNIDADE 5

HOTEL: ESTADIA E SAÍDA

NESTE CAPÍTULO:

LIÇÃO 19
Problemas no Quarto

LIÇÃO 20
Problemas no Banheiro

LIÇÃO 21
Serviço de Lavanderia

LIÇÃO 22
Ligações Telefônicas do Hotel

LIÇÃO 23
Saindo do Hotel (Check out)

CHECKPOINT #5
Avaliação

LIÇÃO 19
PROBLEMAS NO QUARTO

Nesta lição, você irá aprender a conversar com o recepcionista ou telefonista do hotel sobre **problemas no quarto** durante a sua estadia.

93A

🔊 **1 VOCABULÁRIO** Ouça a essas palavras e expressões, pronuncie-as em voz alta e tente decorá-las.

air conditioner	ar condicionado	*hanger*	cabide
blanket	cobertor	*heater*	aquecedor
cable TV	TV a cabo	*pillow*	travesseiro
front desk	recepção	*remote control*	controle remoto

93B

🔊 **2 FRASES** Ouça a essas frases da recepcionista do hotel sobre problemas no quarto, pronuncie-as em voz alta e tente decorá-las.

Front desk. May I help you?	Recepção. Em que posso ajudá-lo?
What seems to be the problem?	Qual é o problema?
We will send someone right up.	Enviaremos alguém nesse momento.
Would you like anything else?	Gostaria de algo mais?

3 FRASES Ouça a essas frases do hóspede sobre problemas no quarto, pronuncie-as em voz alta e tente decorá-las.

This is room three oh two (302). I have a problem with my room.	Aqui é o quarto 302. Tem um problema no meu quarto.
Could I have my room cleaned?	Vocês podem limpar o meu quarto?
The air conditioner isn't working.	O ar condicionado não está funcionando.
Can you explain to me how to use the cable TV?	Vocês podem me mostrar como usar a TV a cabo?
I need some hangers.	Preciso de alguns cabides.

4 DIÁLOGO Ouça SUSAN, a recepcionista do AMERICAN PLAZA HOTEL, conversando com o hóspede PAULO ROCHA sobre problemas no quarto. Em seguida leia em voz alta.

SUSAN: *Front desk. May I help you?*

PAULO: *This is room three oh two (302). I have a problem with my room.*

SUSAN: *What seems to be the problem?*

PAULO: *Could I have my room cleaned?*

SUSAN: *Would you like anything else?*

PAULO: *Can you explain to me how to use the cable TV?*

SUSAN: *We will send someone right up.*

5 CONVERSAÇÃO Leia o diálogo acima em voz alta, substituindo as partes em destaque pelas seguintes informações:

Número do quarto: *five three six (536)*

1º problema: *The air conditioner isn't working.*

2º problema: *I need some hangers.*

OUTROS PROBLEMAS COMUNS NO QUARTO:	
The window is stuck. A janela está travada.	**The TV isn't working.** A televisão não funciona.
I can't open the safe. Não consigo abrir o cofre.	**There is no light in my room.** Não tem luz no meu quarto.

6 EXERCÍCIO Desembaralhe as letras e escreva de forma correta o nome desses objetos encontrados em um quarto de hotel.

1.	*E – T – A – H – R – E*
2.	*E – B – V – A – C – T – L*
3.	*E – L – N – A – B – K – T*
4.	*E – G – N – A – R – H*

7 EXERCÍCIO Ordene as falas do diálogo de A a G conforme a sequência estudada na lição. Indique também quem deve utilizá-la, **R** = recepcionista e **H** = hóspede.

	R	H	
1.	☐		*What seems to be the problem?*
2.	☐		*There is no light in my room.*
3.	☐		*Would you like anything else?*
4.	☐		*We will send someone right up.*
5.	**A**	**R**	*Front desk. May I help you?*
6.	☐		*I can't open the safe.*
7.	☐		*This is room four seventy-three (473). I have a problem with my room.*

8 EXERCÍCIO Ouça aos diálogos entre **LINDA**, a recepcionista de um hotel, conversando com dois hóspedes, **DAVID** e **LAURA**, sobre problemas no quarto e responda as perguntas abaixo.

		VERDADEIRO	FALSO
1.	*DAVID está em um andar acima de LAURA.*	☐	☐
2.	*DAVID tem problemas com o aquecedor.*	☐	☐
3.	*LAURA não sabe usar o controle remoto.*	☐	☐
4.	*DAVID precisa de travesseiros.*	☐	☐
5.	*O ar condicionado de LAURA está quebrado.*	☐	☐

LIÇÃO 20
PROBLEMAS NO BANHEIRO

Nesta lição, você irá aprender a conversar com o recepcionista ou telefonista do hotel sobre **problemas no banheiro** durante a sua estadia.

97A

1 VOCABULÁRIO Ouça a essas palavras e expressões, pronuncie-as em voz alta e tente decorá-las.

bathroom	banheiro	*shower*	chuveiro
bathtub	banheira	*soap*	sabonete
dirty	sujo(a)	*toilet paper*	papel higiênico
hairdryer	secador de cabelo	*towel*	toalha

97B

2 FRASES Ouça a essas frases da recepcionista do hotel sobre problemas no banheiro, pronuncie-as em voz alta e tente decorá-las.

Front desk. May I help you?	Recepção. Em que posso ajudá-lo?
What seems to be the problem?	Qual é o problema?
We're sorry about that.	Pedimos desculpas.
I'll send someone up.	Eu enviarei alguém.
Would you like anything else?	Gostaria de algo mais?

3 FRASES Ouça a essas frases de um hóspede sobre problemas no banheiro, pronuncie-as em voz alta e tente decorá-las.

This is room three oh two (302). I have a problem with my bathroom.	Aqui é o quarto 302. Tem um problema no meu banheiro.
The bathroom is dirty.	O banheiro está sujo.
The shower doesn't work.	O chuveiro não funciona.
There is no toilet paper.	Não tem papel higiênico.
I need some towels.	Preciso de algumas toalhas.

4 DIÁLOGO Ouça **SUSAN**, a recepcionista do **AMERICAN PLAZA HOTEL**, conversando com o hóspede **PAULO ROCHA** sobre problemas no banheiro. Em seguida leia em voz alta.

SUSAN: Front desk. May I help you?
PAULO: This is room three oh two (302). I have a problem with my bathroom.
SUSAN: What seems to be the problem?
PAULO: The shower doesn't work.
SUSAN: Would you like anything else?
PAULO: There is no toilet paper.
SUSAN: We're sorry about that. I'll send someone up.

5 CONVERSAÇÃO Leia o diálogo acima em voz alta, substituindo as partes em destaque pelas seguintes informações:

Número do quarto: seven two nine (729)
1º problema: The bathroom is dirty.
2º problema: I need some towels.

OUTROS PROBLEMAS COMUNS NO BANHEIRO:	
The sink is clogged. A pia está entupida.	**The tap is dripping.** A torneira está pingando.
The waste-paper basket is full. O cesto de lixo está cheio.	**There is no light in my bathroom.** Não tem luz no meu banheiro.

6 **EXERCÍCIO** Escreva os itens encontrados no banheiro na tabela abaixo, a partir de quarto (4) dicas dadas e depois leia-os em voz alta.

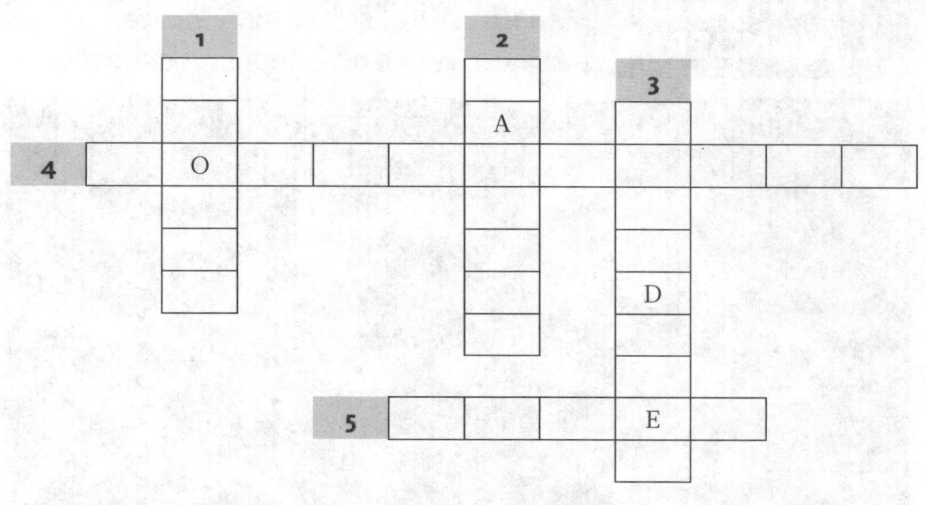

7 **EXERCÍCIO** Complete de maneira correta as frases com outros problemas comuns no banheiro, selecionando as palavras na tabela abaixo.

clogged full dripping light

1. *The tap is* _____.

2. *There is no* _____ *in my bathroom.*

3. *The sink is* _____.

4. *The waste-paper basket is* _____.

CD 2.1

8 **EXERCÍCIO** Ouça aos diálogos entre **LINDA,** a recepcionista de um hotel, conversando com dois hóspedes, **DAVID** e **LAURA,** sobre problemas no banheiro e responda as perguntas abaixo.

	VERDADEIRO	FALSO
1. *DAVID está em um andar acima de LAURA.*	☐	☐
2. *O chuveiro do DAVID está quebrado.*	☐	☐
3. *A banheira da LAURA está suja.*	☐	☐
4. *DAVID precisa de sabonete.*	☐	☐
5. *LAURA precisa de toalhas.*	☐	☐

LIÇÃO 21
SERVIÇO DE LAVANDERIA

Nesta lição, você irá aprender a conversar com o recepcionista de um hotel sobre **serviço de lavanderia** durante a sua estadia.

CD 2.2A

1 VOCABULÁRIO Ouça a essas palavras e expressões, pronuncie-as em voz alta e tente decorá-las.

clothes	roupas	*pants*	calça
dress	vestido	*shirt*	camisa
to iron	passar (roupa)	*skirt*	saia
laundry bag	saco de lavanderia	*suit*	terno
laundry service	serviço de lavanderia	*to wash*	lavar (roupa)

CD 2.2B

2 FRASES Ouça a essas frases do recepcionista de um hotel atendendo pedidos de serviço de lavanderia, pronuncie-as em voz alta e tente decorá-las.

Front desk. May I help you?	Recepção. Em que posso ajudá-lo?
What kind of service do you need?	Que tipo de serviço o(a) senhor(a) gostaria?
When do you need them?	Quando o(a) senhor(a) precisa delas?
Please, put the clothes in the laundry bag.	Por favor, coloque as roupas no saco de lavanderia.

·D 2.3

3 FRASES Ouça a essas frases de um hóspede fazendo pedidos de serviço de lavanderia, pronuncie-as em voz alta e tente decorá-las.

This is room three oh two (302). I'd like a room service.	Aqui é o quarto 302. Gostaria do serviço de quarto.
I need laundry service.	Preciso do serviço de lavanderia.
I have some clothes to be washed.	Tenho algumas roupas para serem lavadas.
I have a skirt to be washed.	Tenho uma saia para ser lavada.
I have a suit that I need ironed.	Tenho um terno que precisa ser passado.
I need them by five (5:00) p.m.	Preciso delas até às 5 da tarde.

·D 2.4

4 DIÁLOGO Ouça **SUSAN**, a recepcionista do **AMERICAN PLAZA HOTEL**, conversando com o hóspede **PAULO ROCHA** sobre serviço de lavanderia. Em seguida leia em voz alta.

SUSAN: *Front desk. May I help you?*
PAULO: *This is room three oh two (302). I'd like a room service.*
SUSAN: *What kind of service do you need?*
PAULO: *I need laundry service. I have some clothes to be washed.*
SUSAN: *When do you need them?*
PAULO: *I need them by five (5:00) p.m.*
SUSAN: *Please, put the clothes in the laundry bag. We will send someone right up.*

5 CONVERSAÇÃO Leia o diálogo acima em voz alta, substituindo as partes em destaque pelas seguintes informações:

Nº do quarto: *seven two nine (729)*
Pedido: *I have some shirts that I need ironed.*
Horário de entrega: *nine (9:00) a.m.*

OUTRAS PEÇAS DE VESTUÁRIO:					
blouse	coat	jacket	jeans	sweater	T-shirt
blusa	casaco	jaqueta	jeans	suéter	camiseta

6 EXERCÍCIO Complete as lacunas conforme as dicas e depois leia as sentenças em voz alta.

1. calças	*I have some* _____	*to be washed.*
2. vestido	*I have a* _____	*that I need ironed.*
3. camisa	*I have a* _____	*to be washed.*
4. ternos	*I have some* _____	*that I need ironed.*

7 EXERCÍCIO Ordene as falas do diálogo de A a G conforme a sequência estudada na lição. Indique também quem deve utilizá-la, **R** = recepcionista e **H** = hóspede.

	R	H	
1.	☐		*When do you need them?*
2.	☐		*I need laundry service. I have some pants to be pressed.*
3.	☐		*Please put the clothes in the laundry bag. We will send someone right up.*
4.	A	R	*Front desk. May I help you?*
5.	☐		*I need them by two (2:00) p.m.*
6.	☐		*What kind of service do you need?*
7.	☐		*This is room seven fifty-three (753). I'd like a room service.*

CD 2.5

8 EXERCÍCIO Ouça aos diálogos entre **LINDA**, a recepcionista de um hotel, conversando com dois hóspedes, **DAVID** e **LAURA**, sobre serviço de lavanderia e responda as perguntas abaixo.

1. *Verdadeiro ou Falso: LAURA precisa que as camisas lavadas sejam entregues às 7 horas da manhã.*
   A. *Verdadeiro*   **B.** *Falso*

2. *Qual o número do quarto que solicitou que um vestido fosse lavado?*
   A. *351*   **B.** *135*   **C.** *153*   **D.** *Esse pedido não foi feito*

3. *Verdadeiro ou Falso: DAVID, que está no quarto 135, solicitou a lavagem de algumas calças.*
   A. *Verdadeiro*   **B.** *Falso*

4. *Qual o número do quarto do hóspede que pediu que suas saias fossem passadas?*
   A. *351*   **B.** *135*   **C.** *153*   **D.** *Esse pedido não foi feito*

LIÇÃO 22
LIGAÇÕES TELEFÔNICAS DO HOTEL

Nesta lição, você irá aprender a conversar com o recepcionista ou telefonista de um hotel sobre **números** e **códigos telefônicos** para fazer ligações desde o quarto durante a sua estadia.

CD 2.6

1 VOCABULÁRIO Ouça a essas palavras e expressões, pronuncie-as em voz alta e tente decorá-las.

city code	código da cidade	*outside phone line*	linha externa
country code	código do país	*phone call*	ligação telefônica
operator	telefonista	*phone number*	número do telefone
outside phone call	ligação externa	*to press*	teclar

CD 2.7

2 FRASES Ouça a essas frases da telefonista de um hotel sobre números e códigos telefônicos, pronuncie-as em voz alta e tente decorá-las.

Operator. May I help you?	Telefonista. Em que posso ajudá-lo?
To get an outside phone line, press one.	Para obter uma linha externa, tecle 1.
We can place a call for you if you want.	Podemos fazer a ligação para o senhor se desejar.
What are the country code, the city code, and the phone number?	Quais são o código do país, o código da cidade e o número de telefone?

CD 2.8

3 FRASES Ouça a essas frases de um hóspede fazendo ligações telefônicas no hotel, pronuncie-as em voz alta e tente decorá-las.

This is room three oh two (302). I need an outside phone line.	Aqui é o quarto 302. Preciso de uma linha externa.
How do I make outside phone calls?	Como é que eu faço ligações telefônicas para fora?
I'd like to make a phone call to São Paulo, Brazil.	Gostaria de fazer uma ligação para São Paulo, no Brasil.
The country code is fifty-five (55), the city code is eleven (11), and the number is five two one, seven three four nine (521-7349).	O código do país é 55, o código da cidade é 11 e o número de telefone é 521-7349.

CD 2.9

4 DIÁLOGO Ouça **Jessica**, a telefonista do **American Plaza Hotel**, conversando com o hóspede **Paulo Rocha** sobre ligações telefônicas. Em seguida leia em voz alta.

Jessica: *Operator. May I help you?*

Paulo: *This is room three oh two (302). I need an outside phone line.*

Jessica: *To get an outside phone line, press one. We can place a call for you if you want.*

Paulo: *I'd like to make a phone call to São Paulo, Brazil.*

Jessica: *What are the country code, the city code, and the phone number?*

Paulo: *The country code is fifty-five (55), the city code is eleven (11), and the number is five two one, seven three four nine (521-7349).*

5 CONVERSAÇÃO Leia o diálogo acima em voz alta, substituindo as partes em destaque pelas seguintes informações:

País da ligação: *London, England*
Código do país: *forty-four (44)*
Código da cidade: *one one three (113)*
Número de telefone: *eight five seven, two six nine one (857-2691)*

COMO LIGAR DOS ESTADOS UNIDOS PARA OUTROS PAÍSES:
Para o Brasil: 011 + 55 + código da cidade + número
Para o Canadá: 011 + 1 + código da cidade + número
Para o Reino Unido: 011 + 44 + código da cidade + número
Para a China: 011 + 86 + código da cidade + número

6 EXERCÍCIO Desembaralhe as letras e escreva de forma correta os nomes dos termos relacionados a ligações telefônicas. Em seguida leia-os em voz alta.

1. E – T – C – C – D – O – Y – I

_____

2. E – R – T – P – A – R – O – O

_____

3. E – L – C – P – A – N – O – H – L

_____

4. E – N – O – R – C – T – U – Y – D – O – C

_____

7 EXERCÍCIO Complete o diálogo entre JIM, o telefonista de um hotel, e um hóspede com as palavras do quadro abaixo e, em seguida, leia-o em voz alta. Você pode usar uma mesma palavra mais de uma vez.

city code   phone call   outside   country code   press   operator   place

Jim: (1)_____. *May I help you?*

Hóspede: *This is room forty-four (44). How do I make* (2)_____ *phone calls?*

Jim: *To get an* (3)_____ *phone line,* (4)_____ *nine. We can* (5)_____ *a call for you if you want.*

Hóspede: *I'd like to make a* (6)_____ *to Brussels, Belgium.*

Jim: *What are the* (7)_____, *the* (8)_____, *and the phone number?*

Hóspede: *The* (9)_____ *is thirty two (32), the* (10)_____ *is two (2), and the number is five five five, four three six two (555-4362).*

:D 2.10

8 EXERCÍCIO Ouça aos diálogos entre JIM, o telefonista de um hotel, conversando com dois hóspedes, DAVID e LAURA, sobre ligações telefônicas e responda as perguntas abaixo.

	VERDADEIRO	FALSO
1. *DAVID ligou para o número 577-3166.*	☐	☐
2. *LAURA ligou para Quebec City, no Canadá, cujo código da cidade é 418.*	☐	☐
3. *DAVID ligou para o Rio de Janeiro do quarto 418.*	☐	☐
4. *LAURA ligou para o número 506-0299.*	☐	☐
5. *A LAURA ligou do quarto 1237.*	☐	☐

LIÇÃO 23
SAINDO DO HOTEL (CHECK OUT)

Nesta lição, você irá aprender a conversar com o recepcionista de um hotel sobre o **consumo do frigobar** e **fechamento de conta** para sair do hotel.

CD 2.11

1 VOCABULÁRIO Ouça a essas palavras e expressões, pronuncie-as em voz alta e tente decorá-las.

bill	conta	*by credit card*	com cartão de crédito
candy bars	barras de chocolate	*mini bar*	frigobar
in cash	em dinheiro	*potato chips*	batatas fritas
with a check	com cheque	*receipt*	recibo
to check out	sair (do hotel)	*soft drinks*	refrigerantes
crackers	biscoitos (salgado)	*with a traveler's check*	com cheque de viagem

CD 2.12

2 FRASES Ouça a essas frases da telefonista de um hotel fechando a conta do hóspede, pronuncie-as em voz alta e tente decorá-las.

Did you have anything from the mini bar?	Você consumiu algo do frigobar?
Here's your bill. The total comes to five hundred and twenty-nine dollars ($529.00).	Aqui está a sua conta. O total é de 529 dólares.
How will you be paying?	Como o(a) senhor(a) irá pagar?
Thank you for choosing the American Plaza Hotel.	Agradecemos a sua preferência pelo American Plaza Hotel.

CD 2.13

3 FRASES Ouça a essas frases de um hóspede fechando a conta no hotel, pronuncie-as em voz alta e tente decorá-las.

I'd like to check out. I'm in room three oh two (302).	Gostaria de fazer o check-out. Estou no quarto 302.
Can you prepare the bill for me?	Você pode fechar a minha conta?
I had some soft drinks and some potato chips.	Consumi refrigerantes e batatas fritas.
I will be paying by credit card.	Vou pagar com cartão de crédito.

CD 2.14

4 DIÁLOGO Ouça **Susan**, a recepcionista do **American Plaza Hotel**, conversando com o hóspede **Paulo Rocha** sobre fechamento de conta no hotel. Em seguida leia em voz alta.

Paulo: *I'd like to check out. I'm in room three oh two (302). Can you prepare the bill for me?*

Susan: *Did you have anything from the mini-bar?*

Paulo: *I had some soft drinks and some potato chips.*

Susan: *Here's your bill. The total comes to five hundred and twenty-nine dollars ($529.00). How will you be paying?*

Paulo: *I will be paying by credit card.*

Susan: *Here is your receipt. Thank you for choosing the American Plaza Hotel.*

5 CONVERSAÇÃO Leia o diálogo acima em voz alta, substituindo as partes em destaque pelas seguintes informações:

Consumo do frigobar: *some candy bars and some crackers*

Valor total da conta: *three hundred and fifty-seven dollars ($357.00)*

Forma de pagamento: *with a check*

OUTROS ITENS COMUNS DO FRIGOBAR:		
beer cerveja	**juice** suco	
bottled water água em garrafa	**nuts** castanhas	
cookies biscoitos (doce)	**snacks** lanches	

6 EXERCÍCIO Complete as lacunas conforme as dicas e depois leia as sentenças em voz alta.

1. batatas fritas	*I had some_____ .*
2. em dinheiro	*I will be paying_____ .*
3. biscoitos (salgado)	*I had some_____ .*
4. com cheque de viagem	*I will be paying_____ .*

7 EXERCÍCIO Baseado nas respostas dadas, escreva as perguntas apropriadas e depois leia as sentenças em voz alta.

1. *Here's your bill. The total comes to five hundred and twenty-nine dollars ($529.00).*

_____

_____

2. *I had some soft drinks and some potato chips.*

_____

_____

CD 2.15

8 EXERCÍCIO Ouça aos diálogos entre **LINDA**, a recepcionista de um hotel, conversando com dois hóspedes, **DAVID** e **LAURA**, fechando a conta para sair do hotel e responda as perguntas abaixo.

1. *Verdadeiro ou Falso: LAURA e DAVID estão hospedados no mesmo andar.*
   A. *Verdadeiro*   **B.** *Falso*

2. *Qual hóspede consumiu barras de chocolate do frigobar?*
   A. *DAVID*   **B.** *LAURA*
   C. *Nenhum deles*   **D.** *Os dois*

3. *Verdadeiro ou Falso: A conta do DAVID ficou menor que a da LAURA.*
   A. *Verdadeiro*   **B.** *Falso*

4. *Qual hóspede pagou a conta com cheque de viagem?*
   A. *DAVID*   **B.** *LAURA*
   C. *Nenhum deles*   **D.** *Os dois*

CHECKPOINT #5
AVALIAÇÃO

1 Escreva em inglês as seguintes perguntas e depois leia-as em voz alta.

1. *Como você pediria para que o seu quarto fosse limpo?*

_____

_____

2. *Como você pediria mais sabonete?*

_____

_____

2 Assinale a quem pertence cada uma das cinco (5) frases abaixo.

	RECEPCIONISTA	HÓSPEDE
1. *I need them by five (5:00) p.m.*	☐	☐
2. *Please put the clothes in the laundry bag.*	☐	☐
3. *When do you need them?*	☐	☐
4. *We will send someone right up.*	☐	☐
5. *I need laundry service.*	☐	☐

D2.16

3 Ouça a três (3) hóspedes em quartos diferentes conversando com JIM, o telefonista de um hotel, sobre ligações telefônicas. Preencha os dados relacionados às cidades e os códigos telefônicos das ligações.

	CIDADE E PAÍS	CÓDIGO DA CIDADE	CÓDIGO DO PAÍS
1. Hóspede 1	_____, *Italy*		
2. Hóspede 2	_____, *Mexico*		
3. Hóspede 3	_____, *Japan*		

UNIDADE 6

RESTAURANTE

NESTE CAPÍTULO:

LIÇÃO 24
ENTRANDO EM UM RESTAURANTE

Nesta lição, você irá aprender a conversar com o chefe de garçons sobre **número de pessoas** e **local da mesa** ao entrar em um restaurante.

CD 2.17 🔊 **1 VOCABULÁRIO** Ouça a essas palavras e expressões, pronuncie-as em voz alta e tente decorá-las.

in the corner	no canto	*order*	pedido
to follow	seguir	*smoking area*	seção de fumantes
how many	quantas pessoas	*table*	mesa
in the middle	no meio	*by the window*	perto da janela
non-smoking area	seção de não fumantes	*waiter*	garçom

CD 2.18 🔊 **2 FRASES** Ouça a essas frases do chefe de garçons recebendo clientes na entrada de um restaurante, pronuncie-as em voz alta e tente decorá-las.

Welcome to the Gold Fountain Restaurant.	Bem-vindos ao Gold Fountain Restaurant.
A table for how many?	Uma mesa para quantas pessoas?
Could you follow me, please?	Queiram me acompanhar, por favor?
I hope this table is OK for you.	Espero que esta mesa esteja satisfatória para vocês.
Your waiter will be with you right away to take your order.	O garçom virá em seguida anotar o seu pedido.

3 FRASES Ouça a essas frases de um cliente entrando em um restaurante, pronuncie-as em voz alta e tente decorá-las.

A table for four, please.	Uma mesa para quatro pessoas, por favor.
Do you have a non-smoking area?	Vocês têm área para não fumantes?
Can you get us a table by the window?	Você pode nos arrumar uma mesa perto da janela?
I'd like a table in the corner.	Gostaria de uma mesa no canto.

4 DIÁLOGO Ouça **DAVID**, o chefe dos garçons do **GOLD FOUNTAIN RESTAURANT**, conversando com o cliente **PAULO ROCHA** na entrada do restaurante. Em seguida leia em voz alta.

DAVID: *Welcome to the Gold Fountain Restaurant. A table for how many?*
PAULO: *A table for four, please. Do you have a non-smoking area?*
DAVID: *Could you follow me, please?*
PAULO: *Can you get us a table by the window?*
DAVID: *I hope this table is OK for you. Your waiter will be with you right away to take your order.*

5 CONVERSAÇÃO Leia o diálogo acima em voz alta, substituindo as partes em destaque pelas seguintes informações:

Número de pessoas: *five*
Seção: *smoking area*
Local: *in the corner*

ALGUNS FUNCIONÁRIOS DE RESTAURANTE:		
barman, bar tender barman	**headwaiter** chefe dos garçons	
chef chefe de cozinha	**sommelier** especialista em vinho	
cook cozinheiro	**waitress** garçonete	

6 EXERCÍCIO Complete as lacunas conforme as dicas e depois leia as perguntas em voz alta.

1. no meio	Can you get us a table _____?
2. seção de fumantes	Do you have a _____?
3. no canto	Can you get us a table _____?
4. quantas pessoas	A table for _____?

7 EXERCÍCIO Ordene as palavras para construir sentenças e leia-as em voz alta.

1. would / in / table / middle / the / like / a / I / .

_____

_____

2. right away / with you / your order / your waiter / to take / will be / .

_____

_____

CD 2.21

8 EXERCÍCIO Ouça aos diálogos entre, **MIKE**, o chefe dos garçons conversando com dois clientes, **DAVID** e **LAURA**, entrando no restaurante com outras pessoas e responda as perguntas abaixo.

1. Verdadeiro ou Falso: LAURA veio com outras 4 pessoas e DAVID pediu uma mesa para 5 pessoas.
   A. Verdadeiro　　**B.** Falso

2. Qual cliente está no restaurante chamado Lord of the Fries?
   A. DAVID　　**B.** LAURA
   C. Nenhum deles　**D.** Os dois

3. Verdadeiro ou Falso: DAVID quer sentar-se com seu grupo no canto e LAURA quer sentar-se com seu grupo no meio do restaurante.
   A. Verdadeiro　　**B.** Falso

4. Verdadeiro ou Falso: Nenhum dos grupos quis se sentar na seção de não fumantes.
   A. Verdadeiro　　**B.** Falso

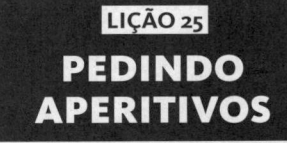

LIÇÃO 25
PEDINDO APERITIVOS

Nesta lição, você irá aprender a conversar com o garçom em um restaurante para **pedir aperitivos**.

1 VOCABULÁRIO Ouça a essas palavras e expressões, pronuncie-as em voz alta e tente decorá-las.

appetizer	aperitivo, antepasto	*guacamole dip*	patê de abacate
artichoke dip	patê de alcachofra	*mixed nuts*	nozes e castanhas
coleslaw	salada de repolho	*onion rings*	anéis de cebola empanados
crab dip	patê de caranguejo	*smoked salmon dip*	patê de salmão defumado
dip	patê	*spinach dip*	patê de espinafre

2 FRASES Ouça a essas frases do garçom servindo aperitivos a um cliente, pronuncie-as em voz alta e tente decorá-las.

My name is Peter and I'll be your waiter.	Eu me chamo Peter e serei o seu garçom.
Here's the menu. Would you like an appetizer before your meal?	Aqui está o cardápio. Gostariam de um aperitivo antes da refeição?
We've got crab dip, spinach dip, and onion rings.	Temos patê de caranguejo, patê de salmão defumado e anéis de cebola empanados.
I will bring your appetizer immediately.	Trarei os aperitivos sem demora.

CD 2.24

3 FRASES Ouça a essas frases de um cliente pedindo um aperitivo em um restaurante, pronuncie-as em voz alta e tente decorá-las.

Can you give us the menu, please?	Você pode nos trazer o cardápio, por favor?
I'd like an appetizer.	Gostaria de um aperitivo.
What have you got?	O que vocês têm?
For an appetizer, I would like a crab dip.	Gostaria de patê de caranguejo como aperitivo.

CD 2.25

4 DIÁLOGO Ouça **PETER**, o garçom do **GOLD FOUNTAIN RESTAURANT**, conversando com o cliente **PAULO ROCHA** sobre o pedido de aperitivo. Em seguida leia em voz alta.

PETER: *Good evening. My name is Peter and I'll be your waiter. Can I help you?*
PAULO: *Can you give us the menu, please?*
PETER: *Here's the menu. Would you like an appetizer before your meal?*
PAULO: *Yes, I'd like an appetizer. What have you got?*
PETER: *We've got crab dip, spinach dip, and onion rings.*
PAULO: *For an appetizer, I would like a crab dip.*
PETER: *I will bring your appetizer immediately.*

5 CONVERSAÇÃO Leia o diálogo acima em voz alta, substituindo as partes sem destaque pelas seguintes informações:

Nome do garçom: *Mark*
Aperitivos do cardápio: *cole slaw, mixed nuts, and guacamole dip*
Sua escolha: *mixed nuts*

ALGUNS ITENS DO CARDÁPIO:		
starters, openers entradas	**side order** acompanhamento	**meat** carne
main course, main dish prato principal	**beverages** bebidas	**poultry** aves
	desserts sobremesas	**fish** peixe

6 EXERCÍCIO Desembaralhe as letras e escreva de forma correta o nome desses aperitivos encontrados em um restaurante.

1. L – S – O – W – A – L – C – E

2. P – D – R – I – B – A – C

3. N – R – O – I – N – S – N – I – O – G

4. C – P – I – H – A – I – P – S – N – D

7 EXERCÍCIO Ordene as falas do diálogo de A a G conforme a sequência estudada na lição. Indentifique, também, quem deve utilizar cada uma das frases; use **G** para GARÇOM e **C** para CLIENTE.

	G	C	
1.	☐		Here's the menu. Would you like an appetizer before your meal?
2.	☐		I will bring your appetizer immediately.
3.	A	G	Good evening. My name is Andrew and I'll be your waiter. Can I help you?
4.	☐		For an appetizer, I would like a coleslaw.
5.	☐		Yes, I'd like an appetizer. What have you got?
6.	☐		Can you give us the menu, please?
7.	☐		We've got onion rings, coleslaw, and artichoke dip.

8 EXERCÍCIO Ouça aos diálogos entre **PETER**, o garçom, conversando com dois clientes, **DAVID** e **LAURA**, pedindo um aperitivo e responda as perguntas abaixo.

1. Verdadeiro ou Falso: LAURA está no restaurante na hora do almoço e DAVID na hora da janta.
   A. Verdadeiro   **B.** Falso

2. Qual dos aperitivos abaixo o garçom não ofereceu ao DAVID?
   A. Mixed nuts   **B.** Guacamole dip   **C.** Onion rings

3. Verdadeiro ou Falso: PETER ofereceu artichoke dip tanto para DAVID como para LAURA.
   A. Verdadeiro   **B.** Falso

4. Qual aperitivo LAURA escolheu?
   A. Guacamole dip   **B.** Artichoke dip   **C.** Onion rings

5. Qual dos aperitivos abaixo o garçom não ofereceu nem ao DAVID nem à LAURA?
   A. Spinach dip   **B.** Smoked salmon dip   **C.** Crab dip

LIÇÃO 26

PEDINDO BEBIDAS

Nesta lição, você irá aprender a conversar com o garçom de um restaurante para **pedir bebidas**.

CD 2.27

1 VOCABULÁRIO Ouça a essas palavras e expressões, pronuncie-as em voz alta e tente decorá-las.

apple juice	suco de maçã	*iced tea*	chá gelado
beer	cerveja	*lemonade*	limonada
(to) drink	bebida (beber)	*mineral water*	água mineral
glass	copo	*orange juice*	suco de laranja
ice	gelo	*soft drinks*	refrigerantes

CD 2.28

2 FRASES Ouça a essas frases de um garçom servindo bebidas, pronuncie-as em voz alta e tente decorá-las.

Would you like something to drink?	Gostaria de algo para beber?
What would you like to drink?	O que gostaria de beber?
We have apple juice and orange juice.	Temos suco de maçã e suco de laranja.
I'm sorry, but we've run out of lemonade.	Sinto muito, mas a limonada está em falta.
Anything else?	Algo mais?
I'll be right back with your drinks.	Voltarei daqui a pouco com as bebidas.

3 FRASES Ouça a essas frases do cliente pedindo bebidas, pronuncie-as em voz alta e tente decorá-las.

I would like a glass of water with ice.	Gostaria de um copo de água com gelo.
I'll have an iced tea, please.	Quero um chá gelado, por favor.
What soft drinks do you have?	Que refrigerantes vocês têm?
What kind of juices do you have?	Quais os sucos que vocês têm?
An orange juice, please. No ice.	Um suco de laranja, por favor. Sem gelo.

4 DIÁLOGO Ouça **PETER**, o garçom do **GOLD FOUNTAIN RESTAURANT**, conversando com o cliente **PAULO ROCHA** sobre o pedido de bebidas. Em seguida leia em voz alta.

PETER: *Would you like something to drink?*
PAULO: *I would like a glass of water with ice.*
PETER: *Anything else?*
PAULO: *A lemonade, please. No ice.*
PETER: *I'm sorry, but we've run out of lemonade.*
PAULO: *What kind of juices do you have?*
PETER: *We have apple juice and orange juice.*
PAULO: *An orange juice, please. No ice.*
PETER: *I'll be right back with your drinks.*

5 CONVERSAÇÃO Leia o diálogo acima em voz alta, substituindo as partes em destaque pelas seguintes informações:

Primeiro pedido: *I'll have an iced tea, please.*
Pedido de suco: *An Apple juice, please. No ice.*

OUTRAS BEBIDAS COMUNS:		
sparkling water	**Coke**	
água com gás	Coca, Coca-cola	
still water	**Diet Coke**	
água sem gás	Coca diet	
pineapple juice	**coffee**	
suco de abacaxi	café	

6 EXERCÍCIO Ligue as palavras à esquerda com o seu complemento à direita.

1.	mineral	juice
2.	iced	drinks
3.	apple	water
4.	soft	tea

7 EXERCÍCIO Baseado nas respostas dadas, escreva as perguntas apropriadas e depois leia as sentenças em voz alta.

1. We have apple juice and orange juice.

_____

_____

2. I'll have an iced tea, please.

_____

_____

8 EXERCÍCIO Ouça aos diálogos entre **PETER**, um garçom, conversando com dois clientes, **DAVID** e **LAURA**, pedindo bebidas e responda as perguntas abaixo.

1. Verdadeiro ou Falso: LAURA e DAVID pediram sucos com gelo.
 A. Verdadeiro   **B.** Falso

2. LAURA optou por tomar refrigerante depois que o garçom informou que o suco que ela havia pedido estava em falta. Que suco foi esse?
 A. Suco de laranja   **B.** Suco de maçã   **C.** Limonada

3. Verdadeiro ou Falso: DAVID pediu água mineral sem gelo e limonada sem gelo.
 A. Verdadeiro   **B.** Falso

4. Além da Coca diet que outra bebida LAURA recebeu?
 A. Suco de laranja   **B.** Suco de maçã
 C. Limonada

5. Qual dos sucos abaixo nem LAURA nem DAVID beberam?
 A. Suco de laranja   **B.** Suco de maçã
 C. Limonada

LIÇÃO 27
PEDINDO A COMIDA

Nesta lição, você irá aprender a conversar com o garçom em um restaurante para **pedir a comida**.

0 2.32

🔊 **1 VOCABULÁRIO** Ouça a essas palavras e expressões, pronuncie-as em voz alta e tente decorá-las.

baked	assado no forno	*fried*	frito
Caesar salad	salada Caesar	*green salad*	salada verde (ou de folhas)
chicken	frango	*grilled*	grelhado
cooked	cozido	*to order*	fazer o pedido
fish	peixe	*side salad*	salada como acompanhamento

0 2.33

🔊 **2 FRASES** Ouça a essas frases do garçom servindo a comida, pronuncie-as em voz alta e tente decorá-las.

Are you ready to order?	O senhor quer fazer o pedido?
What would you like to order?	O que o senhor gostaria de pedir?
How would you like that cooked?	Qual o tipo de cozimento que o senhor gostaria?
Would you like a side salad?	Gostaria de uma salada como acompanhamento?
We have Caesar salad and green salad.	Nós temos salada Caesar e salada verde.

CD 2.34

3 FRASES Ouça a essas frases do cliente pedindo a comida, pronuncie-as em voz alta e tente decorá-las.

I'm ready to order.	Estou pronto para fazer o pedido.
I'd like to have the chicken.	Eu vou querer o frango.
I'd like it baked.	Gostaria assado no forno.
What salads do you have?	Que saladas vocês têm?
I'd like Caesar salad.	Quero uma salada Caesar.

CD 2.35

4 DIÁLOGO Ouça **PETER**, o garçom do **GOLD FOUNTAIN RESTAURANT**, conversando com o cliente **PAULO ROCHA** sobre o pedido de comida. Em seguida leia em voz alta.

PETER: *Are you ready to order?*
PAULO: *Yes, I'm ready to order.*
PETER: *What would you like to order?*
PAULO: *I'd like to have the chicken.*
PETER: *How would you like that cooked?*
PAULO: *I'd like it baked.*
PETER: *Would you like a side salad?*
PAULO: *What salads do you have?*
PETER: *We have Caesar salad and green salad.*
PAULO: *I'd like Caesar salad.*

5 CONVERSAÇÃO Leia o diálogo acima em voz alta, substituindo as partes em destaque pelas seguintes informações:

Pedido: *fish*
Cozimento: *grilled*
Salada: *green salad*

TIPOS DE COZIMENTO DE CARNE:		
steak, meat filé, carne	**medium** ao ponto	**medium-well** entre bem-passado e ao ponto
well-done bem-passado	**rare** mal-passado	**medium-rare** entre mal-passado e ao ponto

6 **EXERCÍCIO** Faça a ligação entre os tipos de cozimento de carne em inglês com a sua tradução em português.

1. *medium-rare*	**A.** *entre mal-passado e ao ponto*
2. *medium*	**B.** *bem-passado*
3. *rare*	**C.** *entre bem-passado e ao ponto*
4. *medium-well*	**D.** *mal-passado*
5. *well-done*	**E.** *ao ponto*

7 **EXERCÍCIO** Associe a melhor resposta para cada uma das quatro (4) perguntas abaixo e depois leia-as em voz alta.

1. ☐ *We have Caesar salad and green salad.*	**A.** *How would you like that cooked?*
2. ☐ *I'd like to have the chicken.*	**B.** *What salads do you have?*
3. ☐ *I'd like it baked.*	**C.** *What would you like to order?*
4. ☐ *I'd like Caesar salad.*	**D.** *Would you like a side salad?*

8 **EXERCÍCIO** Ouça ao diálogo entre **PETER**, o garçom, conversando com **DAVID**, o cliente, pedindo a comida e complete as lacunas abaixo ordenando as falas do diálogo de A a J conforme a sequência que você ouvir. Em seguida leia-o em voz alta.

1. ☐ *How would you like that _____?*
2. ☐ *I'd like to have the_____.*
3. ☐ *Yes, I'm ready to order.*
4. ☐ *What_____ do you have?*
5. ☐ *I'd like_____.*
6. ☐ *Are you ready to order?*
7. ☐ *We have_____ and_____.*
8. ☐ *Would you like a side_____?*
9. ☐ *I'd like it_____.*
10. ☐ *What would you like to order?*

LIÇÃO 28
PEDIDOS E RECLAMAÇÕES

Nesta lição, você irá aprender a conversar com um garçom em um restaurante para fazer **pedidos** e **reclamações** durante a refeição.

CD 2.37

🔊 **1 VOCABULÁRIO** Ouça a essas palavras e expressões, pronuncie-as em voz alta e tente decorá-las.

cold	frio		*napkin*	guardanapo
dirty	sujo		*overdone*	cozido demais
dish	prato (de comida)		*plate*	prato
fork	garfo		*salty*	salgado
knife	faca		*underdone*	malcozido, meio cru

CD 2.38

🔊 **2 FRASES** Ouça a essas frases de um garçom atendendo a pedidos e reclamações, pronuncie-as em voz alta e tente decorá-las.

Is there anything I can get you?	Posso trazer algo para vocês?
I'll get you a napkin.	Trarei um guardanapo para o senhor.
How's the food?	Como está a comida?
We're sorry about that.	Sentimos muito.
I'll get the chef to cook it some more.	Pedirei ao chef para que seja um pouco mais cozido.
I'll get you another dish.	Trarei outro prato de comida para o senhor.

2.39

🔊 **3 FRASES** Ouça a essas frases de um cliente fazendo pedidos e reclamações em um restaurante, pronuncie-as em voz alta e tente decorá-las.

Can I have a napkin?	Você pode me trazer um guardanapo?
I have no fork.	Não tenho garfo.
This plate is dirty.	Este prato está sujo.
Can you bring me another plate?	Você pode me trazer outro prato?
This dish is underdone.	Este prato está meio cru.
Could you cook it a little more?	Você poderia pedir para ser cozido um pouco mais?

2.40

🔊 **4 DIÁLOGO** Ouça **PETER**, o garçom do **GOLD FOUNTAIN RESTAURANT**, conversando com o cliente **PAULO ROCHA** ao fazer pedidos e reclamações. Em seguida leia em voz alta.

PETER: *Is there anything I can get you?*
PAULO: *Can I have a napkin?*
PETER: *I'll get you a napkin. How's the food?*
PAULO: *This dish is underdone. Could you cook it a little more?*
PETER: *We're sorry about that. I'll get the chef to cook it some more.*

5 CONVERSAÇÃO Leia o diálogo acima em voz alta, substituindo as partes em destaque pelas seguintes informações:

Pedido: *I have no fork.*
Reclamação e pedido: *This plate is dirty. Can you bring me another plate?*
Resposta do garçom: *I'll get you another dish.*

ALGUNS UTENSÍLIOS DA MESA:			
glass copo	**spoon** colher	**tablecloth** toalha de mesa	
salt sal	**sugar bowl** açucareiro	**toothpick** palito de dente	

6 EXERCÍCIO Complete as lacunas conforme as dicas e depois leia as sentenças em voz alta.

1. prato	*I have no* _____.
2. faca	*This* _____ *is dirty.*
3. garfo	*I'll get you a* _____.
4. colher	*Can we have a* _____?

7 EXERCÍCIO Complete as frases selecionando as palavras na tabela abaixo.

cook　　underdone　　chef　　anything
1. *I'll get the* _____ *to cook it some more.*
2. *This dish is* _____.
3. *Is there* _____ *I can get you?*
4. *Could you* _____ *it a little more?*

CD 2.41

🔊 **8** EXERCÍCIO Ouça aos diálogos entre **PETER**, o garçom, conversando com dois clientes, **DAVID** e **LAURA**, fazendo pedidos e reclamações e responda as perguntas abaixo.

1. *Verdadeiro ou Falso: LAURA não tinha faca e DAVID não tinha garfo.*
   A. *Verdadeiro*　　**B.** *Falso*

2. *Qual utensílio da mesa da LAURA estava sujo?*
   A. *Prato*　　**B.** *Garfo*　　**C.** *Nenhum*

3. *Verdadeiro ou Falso: O prato de comida do DAVID foi cozido demais.*
   A. *Verdadeiro*　　**B.** *Falso*

4. *Qual foi o problema com o prato de comida da LAURA?*
   A. *Estava cozido demais*
   B. *Estava meio cru*

5. *Verdadeiro ou Falso: LAURA não tinha garfo e o seu prato estava sujo.*
   A. *Verdadeiro*　　**B.** *Falso*

LIÇÃO 29

SOBREMESA, CAFÉ E CONTA

Nesta lição, você irá aprender a conversar com o garçom em um restaurante para pedir a **sobremesa**, o **café** e a **conta**.

CD 2.42

🔊 **1 VOCABULÁRIO** Ouça a essas palavras e expressões, pronuncie-as em voz alta e tente decorá-las.

apple pie	torta de maçã	*chocolate cake*	bolo de chocolate
bill	conta	*dessert*	sobremesa
black coffee	café preto	*espresso*	café expresso
cappuccino	cappuccino	*fruit salad*	salada de frutas
cheesecake	torta de queijo	*service*	serviço

CD 2.43

🔊 **2 FRASES** Ouça a essas frases de um garçom providenciando ao cliente a sobremesa, o café e a conta, pronuncie-as em voz alta e tente decorá-las.

Would you like some dessert?	O senhor gostaria de uma sobremesa?
What would you like for dessert?	O que o senhor gostaria como sobremesa?
Here's your bill.	Aqui está a sua conta.
Service is (not) included in the bill, sir.	O serviço (não) está incluído na conta, senhor.
How would you like to pay?	Como o senhor gostaria de pagar?

CD 2.44

3 FRASES Ouça a essas frases do cliente pedindo a sobremesa, o café e a conta no restaurante, pronuncie-as em voz alta e tente decorá-las.

I'd like an apple pie.	Quero uma torta de maçã.
I'd like an espresso.	Quero um café expresso.
Could I have the bill, please?	Você pode trazer a conta, por favor?
Is the service included?	O serviço está incluído?
I will be paying by credit card.	Vou pagar com cartão de crédito.

CD 2.45

4 DIÁLOGO Ouça **PETER**, o garçom do **GOLD FOUNTAIN RESTAURANT**, conversando com o cliente **PAULO ROCHA** e sua esposa **JESSICA** pedindo a sobremesa, o café e a conta. Em seguida leia em voz alta.

PETER: *Would you like some dessert?*
PAULO: *I'd like an apple pie.*
PETER: *What would you like for dessert, madam?*
JESSICA: *I'd like a fruit salad.*
PETER: *Would you like some coffee?*
PAULO: *I'd like an espresso. Could I have the bill, please?*
PETER: *Here's your bill.*
PAULO: *Is the service included?*
PETER: *Service is included in the bill, sir. How would you like to pay?*
PAULO: *I will be paying by credit card.*

5 CONVERSAÇÃO Leia o diálogo acima em voz alta, substituindo as partes em destaque pelas seguintes informações:

Pedido de sobremesa do Paulo: *a cheesecake*
Pedido de sobremesa da Jessica: *a chocolate cake*
Inclusão do serviço: *Service is not included in the bill, sir.*

OUTROS TIPOS DE CAFÉS E SOBREMESAS:		
coffee with cream	**decaffeinated**	**mousse**
café com creme	decafeinado	musse
iced coffee	**lemon pie**	**ice cream**
café gelado	torta de limão	sorvete

6 **EXERCÍCIO** Ligue as palavras à esquerda com o seu complemento à direita.

1.	chocolate	salad
2.	black	pie
3.	apple	cake
4.	fruit	cream
5.	ice	coffee

7 **EXERCÍCIO** Complete as perguntas com base nas respostas no quadro abaixo e, em seguida, associe a pergunta com a resposta correspondente.

PERGUNTAS

1. How would you like to _____? ☐
2. Is _____ included? ☐
3. What would you like for _____? ☐

RESPOSTAS

A. I'd like a cheesecake.
B. I'll be paying by credit card.
C. Service is not included in the bill, sir.

CD 2.46

🔊 **8** **DIÁLOGO** Ouça aos diálogos. No primeiro, **PETER**, o garçom, conversa com os clientes **DAVID** e sua esposa **LYNN**. No segundo, em outra mesa, **PETER** conversa com a cliente **LAURA** e seu marido **LARRY**. Os clientes pedem a sobremesa, o café e a conta. A seguir, responda as perguntas abaixo.

1. Verdadeiro ou Falso: Os dois homens, DAVID e LARRY, pediram café expresso.
   A. Verdadeiro   **B.** Falso
2. Quem pediu torta de maçã como sobremesa?
   A. DAVID   **B.** LARRY   **C.** LYNN   **D.** LAURA
3. Verdadeiro ou Falso: Os homens pagam a conta em ambas as mesas.
   A. Verdadeiro   **B.** Falso
4. Quem pagou a conta em que o serviço estava incluído?
   A. DAVID   **B.** LARRY   **C.** LYNN   **D.** LAURA
5. Verdadeiro ou Falso: DAVID pediu uma salada de frutas como sobremesa e um café preto.
   A. Verdadeiro   **B.** Falso

CHECKPOINT #6
AVALIAÇÃO

1 Assinale a quem pertence cada uma das sete (7) frases abaixo.

	GARÇOM	CLIENTE
1. *Do you have a non-smoking area?*	☐	☐
2. *A table for how many?*	☐	☐
3. *Could you follow me, please?*	☐	☐
4. *Can you get us a table by the window?*	☐	☐
5. *I'm sorry, but we've run out of lemonade.*	☐	☐
6. *What kind of juices do you have?*	☐	☐
7. *Anything else?*	☐	☐

2 Complete as perguntas com base nas respostas no quadro abaixo e, em seguida, associe a pergunta com a resposta correspondente.

PERGUNTAS
1. *Would you like an_____ before your_____* ? ☐
2. *What have you _____* ? ☐
3. *Can you give us the_____, please?* ☐

RESPOSTAS
A. *We've got crab dip, spinach dip, and onion rings.*
B. *Yes, I'd like an appetizer.*
C. *Here's the menu.*

CD 2.47

3 Ouça ao diálogo entre PETER, o garçom, e GERALD, um cliente e complete as frases abaixo. Em seguida leia em voz alta.

PETER: *Would you like***(1)** _____ *to drink?*
GERALD: *I would like a***(2)** _____ .
PETER: **(3)** _____ *else?*
GERALD: *An***(4)** _____ , *please. No ice.*
PETER: *I'm sorry, but we've run out of***(5)** _____ .
GERALD: *What kind of***(6)** _____ *do you have?*
PETER: *We have***(7)** _____ *and***(8)** _____ .
GERALD: *A***(9)** _____ , *please. No ice.*
PETER: *I'll be right back with your drinks.*

UNIDADE 7

TRANSPORTE AÉREO: AEROPORTO

NESTE CAPÍTULO:

LIÇÃO 30
Companhia Aérea e Destino

LIÇÃO 31
Assento e Preço da Passagem

LIÇÃO 32
Check-in no Aeroporto

LIÇÃO 33
Inspeção de Segurança

LIÇÃO 34
Passando pela Imigração

LIÇÃO 35
Passando pela Alfândega

CHECKPOINT #7
Avaliação

<table>
<tr><td>

LIÇÃO 30

COMPANHIA AÉREA E DESTINO

</td><td>

Nesta lição, você irá aprender a conversar com o agente de viagens ou de passagens sobre **companhia aérea**, **datas de viagem** e **destino** ao comprar uma passagem aérea.

</td></tr>
</table>

CD 2.48

🔊 **1** VOCABULÁRIO Ouça a essas palavras e expressões, pronuncie-as em voz alta e tente decorá-las.

airline	companhia aérea	*to fly*	voar, viajar
to catch a flight	pegar um voo	*plane*	avião, aeronave
date	data	*plane ticket*	passagem aérea
destination	destino	*return flight*	voo de volta
flight	voo	*to travel*	viajar

CD 2.49

🔊 **2** FRASES Ouça a essas frases de uma agente de viagens conversando com um cliente sobre companhia aérea, datas de viagem e destino, pronuncie-as em voz alta e tente decorá-las.

What's your destination?	Qual é o seu destino?
Which airline would you like to use?	Em que companhia aérea você gostaria de viajar?
How many tickets do you need?	De quantas passagens aéreas você precisa?
What date will you be traveling?	Em qual data você quer viajar?
When will you be returning?	Quando pretende voltar?

CD 2.50

3 FRASES Ouça a essas frases de um cliente conversando com um agente de viagens sobre companhia aérea, datas de viagem e destino, pronuncie-as em voz alta e tente decorá-las.

I want to buy a plane ticket to Miami.	Quero comprar uma passagem aérea para Miami.
I prefer to fly American Airlines.	Prefiro viajar pela American Airlines.
I want four tickets to Miami.	Quero quatro passagens para Miami.
I would like to catch a flight on the fifteenth (15th).	Gostaria de pegar um voo no dia 15.
I'd like to catch a return flight on the thirtieth (30th).	Gostaria de pegar um voo de volta no dia 30.

CD 2.51

4 DIÁLOGO Ouça SUSAN, uma agente de viagens, conversando com o cliente PAULO ROCHA sobre companhia aérea, datas de viagem e destino. Em seguida leia em voz alta.

SUSAN: *What's your destination?*
PAULO: *I want to buy a plane ticket to Miami.*
SUSAN: *Which airline would you like to use?*
PAULO: *I prefer to fly American Airlines.*
SUSAN: *How many tickets do you need?*
PAULO: *I want four tickets to Miami.*
SUSAN: *What date will you be traveling?*
PAULO: *I would like to catch a flight on the fifteenth (15th).*
SUSAN: *When will you be returning?*
PAULO: *I'd like to catch a return flight on the thirtieth (30th).*

5 CONVERSAÇÃO Leia o diálogo acima em voz alta, substituindo as partes em destaque pelas seguintes informações:

Destino: *Los Angeles*
Data de partida: *ninth (9th)*
Número de passagens: *two*
Data de partida: *twenty-seventh (27th)*

CÓDIGOS DE ALGUMAS COMPANHIAS AÉREAS AMERICANAS:		
Alaska Airlines (AS)	Hawaiian Airlines (HA)	United Airlines (UA)
American Arilines (AA)	JetBlue Airways (JBU)	US Airways (US)
Delta Air Lines (DL)	Southwest Arilines (WN)	Virgin America (VX)

6 EXERCÍCIO Escreva na tabela abaixo os termos que podemos usar na compra de uma passagem aérea a partir de cinco (5) dicas dadas e depois leia-os em voz alta.

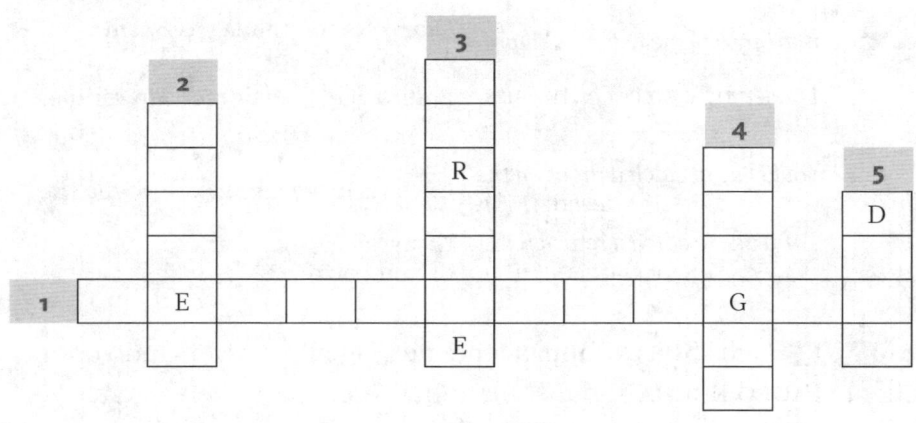

7 EXERCÍCIO Complete de maneira correta as frases que podemos usar na compra de uma passagem aérea selecionando as palavras na tabela abaixo.

two	ticket	return	fourth	catch	buy	flight	Chicago

1. I would like to catch a _____ on the _____ .
2. I want _____ tickets to _____ .
3. I'd like to _____ a _____ flight on the thirtieth (30th).
4. I want to _____ a plane _____ to Paris.

CD 2.52

8 EXERCÍCIO Ouça aos diálogos entre JERRY, o agente de viagens, conversando com dois clientes, SCOTT e TINA, sobre companhia aérea, datas de viagem e destino e responda as perguntas abaixo.

	VERDADEIRO	FALSO
1. TINA chegará de volta em casa antes do SCOTT.	☐	☐
2. SCOTT tem dois passageiros viajando com ele e TINA, três.	☐	☐
3. TINA irá pegar o avião antes de SCOTT.	☐	☐
4. TINA irá viajar por um período mais longo que SCOTT.	☐	☐
5. Os dois ficarão mais de uma semana viajando.	☐	☐

LIÇÃO 31

ASSENTO E PREÇO DA PASSAGEM

Nesta lição, você irá aprender a conversar com um agente de viagens ou de passagens sobre **assento na aeronave** e **preço da passagem** ao comprar uma passagem aérea.

CD 2.53

1 VOCABULÁRIO Ouça a essas palavras e expressões, pronuncie-as em voz alta e tente decorá-las.

aisle seat	assento no corredor	*first class*	primeira classe
business class	classe executiva	*middle seat*	assento do meio
cost	preço, custo	*seat number*	número do assento
economy class	classe econômica	*window seat*	assento na janela

CD 2.54

2 FRASES Ouça a essas frases da agente de viagens conversando com o cliente sobre assento na aeronave e preço da passagem, pronuncie-as em voz alta e tente decorá-las.

Do you want to fly first class or economy?	Você quer viajar de primeira classe ou na classe econômica?
Would you prefer an aisle seat or a window seat?	Você prefere um assento no corredor ou na janela?
Your seat number is five A (5A).	O número do seu assento é 5A.
The cost of this flight is three hundred and fifty dollars ($350.00) per person.	O preço da passagem é de 350 dólares por pessoa.

CD 2.55

3 FRASES Ouça a essas frases de um cliente conversando com um agente de viagens sobre assento na aeronave e preço da passagem, pronuncie-as em voz alta e tente decorá-las.

Is it possible to choose my seat now?	Posso escolher o meu assento agora?
I prefer economy.	Prefiro classe econômica.
I'd prefer an aisle seat.	Prefiro um assento no corredor.
What's my seat number?	Qual é o número do meu assento?
How much is the plane ticket?	Quanto custa a passagem de avião?
Let's go with that.	Vamos com este.

CD 2.56

4 DIÁLOGO Ouça **Susan**, uma agente de viagens, conversando com o cliente **Paulo Rocha** sobre assento na aeronave e preço da passagem. Em seguida leia em voz alta.

Paulo: *Is it possible to choose my seat now?*
Susan: *Yes. Do you want to fly first class or economy?*
Paulo: *I prefer economy.*
Susan: *Would you prefer an aisle seat or a window seat?*
Paulo: *I'd prefer an aisle seat. What's my seat number?*
Susan: *Your seat number is five A (5A).*
Paulo: *How much is the plane ticket?*
Susan: *The cost of this flight is three hundred and fifty dollars ($350.00) per person.*
Paulo: *Let's go with that.*

5 CONVERSAÇÃO Leia o diálogo acima em voz alta, substituindo as partes em destaque pelas seguintes informações:

Classe: *first class*
Local da poltrona: *a window seat*
Número do assento: *twenty-two F (22F)*
Preço por pessoa: *two hundred and seventy dollars ($270.00)*

TIPOS DE VOOS E ESCALA:			
direct flight voo direto	**non-stop flight** voo direto	**connecting flight** voo de conexão	**stopover** escala, parada do avião

6 **EXERCÍCIO** Desembaralhe as letras e escreva de forma correta o nome dessas classes e assentos no avião.

1. S – T – L – I – C – S – F – A – R – S

_____

2. T – D – W – O – E – N – S – W – A – I

_____

3. B – T – U – E – M – A – R – S – N – E

_____

4. T – I – S – S – A – E – L – A – E

_____

7 **EXERCÍCIO** Complete as lacunas conforme as dicas e depois leia as sentenças em voz alta.

1. assento do meio	_Would you prefer a window seat or a _____?_
2. classe executiva	_I prefer _____._
3. $176.00	_The cost of this flight is _____ _____ per person._
4. passagem de avião	_How much is the _____?_

CD 2.57

8 **EXERCÍCIO** Ouça aos diálogos entre **JERRY**, um agente de viagens, conversando com dois passageiros, **SCOTT** e **TINA**, sobre assento na aeronave e preço da passagem e responda as perguntas abaixo.

	VERDADEIRO	FALSO
1. _TINA e SCOTT irão viajar na mesma classe._	☐	☐
2. _SCOTT irá viajar na mesma fileira da TINA._	☐	☐
3. _TINA irá viajar no assento do corredor e SCOTT, na janela._	☐	☐
4. _TINA pagou mais caro por sua passagem que SCOTT._	☐	☐
5. _A diferença de preço entre as duas passagens é de mais de cem dólares._	☐	☐

LIÇÃO 32
CHECK-IN NO AEROPORTO

Nesta lição, você irá aprender a conversar com o agente de passagens ao **fazer o check-in** no balcão de check-in da companhia aérea.

CD 2.58

🔊 **1 VOCABULÁRIO** Ouça a essas palavras e expressões, pronuncie-as em voz alta e tente decorá-las.

bag	bolsa, mala	*luggage*	bagagem
baggage allowance	franquia de bagagem	*passenger*	passageiro
to check-in	despachar	*scale*	balança
flight number	número do voo	*suitcase*	mala
hand luggage	bagagem de mão	*tag*	etiqueta
kilo	quilo		

CD 2.59

🔊 **2 FRASES** Ouça a essas frases do agente de passagens durante o check-in, pronuncie-as em voz alta e tente decorá-las.

What's your flight number?	Qual o número do seu voo?
May I see your ticket and your passport?	Posso ver a sua passagem e o seu passaporte?
Do you have any baggage to check-in?	Você tem bagagem para despachar?
Please, put your bags on the scale.	Por favor, coloque as suas malas na balança.
It's thirty-two (32) kilos per passenger.	São 32 quilos por passageiro.
Here are your luggage tags.	Aqui estão as etiquetas da sua bagagem.

CD 2.60

3 FRASES Ouça a essas frases de um passageiro fazendo o check-in, pronuncie-as em voz alta e tente decorá-las.

I'm on flight nine three zero (930) to Miami. I want to check-in.	Estou no voo 930 para Miami. Gostaria de fazer o check-in.
I have two suitcases to check.	Tenho duas malas para despachar.
I have one hand luggage.	Tenho apenas uma bagagem de mão.
What's the baggage allowance per passenger?	Qual é a franquia de bagagem por passageiro?

CD 2.61

4 DIÁLOGO Ouça **DAVID**, um agente de passagens de uma companhia aérea, conversando com o passageiro **PAULO ROCHA** fazendo o check-in no aeroporto. Em seguida leia em voz alta.

PAULO: *Hi. I want to check-in.*

DAVID: *What's your flight number?*

PAULO: *I'm on flight nine three zero (930) to Miami.*

DAVID: *May I see your ticket and your passport? Do you have any baggage to check-in?*

PAULO: *I have two suitcases to check. I have one hand luggage.*

DAVID: *Please, put your bags on the scale.*

PAULO: *What's the baggage allowance per passenger?*

DAVID: *It's thirty-two (32) kilos per passenger. Here are your luggage tags.*

5 CONVERSAÇÃO Leia o diálogo acima em voz alta, substituindo as partes em destaque pelas seguintes informações:

Número do voo: *seven six four (764)*

Destino: *Dallas*

Número de malas: *three*

Franquia de bagagem: *twenty-three (23) kilos*

CÓDIGOS DE ALGUNS AEROPORTOS AMERICANOS:	
O'Hare International Airport (ORD)	Denver International Airport (DEN)
Orlando International Airport (MCO)	Miami International Airport (MIA)
Logan International Airport (BOS)	La Guardia Airport (LGA)

6 EXERCÍCIO Complete as lacunas conforme as dicas e depois leia as sentenças em voz alta.

1. balança	*Please put your bags on the* _____ .
2. etiquetas	*Here are your luggage* _____ .
3. franquia de bagagem	*What's the* _____ *per passenger?*
4. bagagem de mão	*I have one* _____ .

7 EXERCÍCIO Assinale a quem pertence cada uma das cinco (5) frases abaixo.

	AGENTE	PASSAGEIRO
1. *It's thirty-two (32) kilos per passenger.*	☐	☐
2. *Do you have any baggage to check-in?*	☐	☐
3. *What's the baggage allowance per passenger?*	☐	☐
4. *I have two suitcases to check.*	☐	☐
5. *Where are you flying today?*	☐	☐

CD 2.62

8 EXERCÍCIO Ouça aos diálogos entre **DOUG**, um agente de passagens, conversando com dois passageiros, **SCOTT** e **TINA**, fazendo o check-in no aeroporto e responda às perguntas abaixo.

1. *Verdadeiro ou Falso: SCOTT e TINA estão viajando por companhias aéreas diferentes.*
   A. *Verdadeiro*   **B.** *Falso*   **C.** *Não diz*

2. *Quem está levando mais malas na viagem de avião?*
   A. *TINA*   **B.** *SCOTT*   **C.** *O mesmo número de malas*

3. *Verdadeiro ou Falso: TINA tem uma franquia de bagagem maior que SCOTT.*
   A. *Verdadeiro*   **B.** *Falso*   **C.** *Não diz*

4. *Que passageiro está indo para Las Vegas?*
   A. *TINA*   **B.** *SCOTT*

5. *Verdadeiro ou Falso: TINA está levando 3 quilos de bagagem a mais que SCOTT.*
   A. *Verdadeiro*   **B.** *Falso*   **C.** *Não diz*

LIÇÃO 33
INSPEÇÃO DE SEGURANÇA

Nesta lição, você irá aprender a conversar com um agente de segurança (*officer*) ao passar pelo detector de metais na **inspeção de segurança** do aeroporto.

CD 2.63

1 VOCABULÁRIO Ouça a essas palavras e expressões, pronuncie-as em voz alta e tente decorá-las.

billfold	carteira de dinheiro	*mouthwash*	antiséptico bucal
coins	moedas	*perfume*	perfume
keys	chaves	*pocket*	bolso
metal detector	detector de metais	*shampoo*	xampu
moisturizing lotion	loção hidratante	*tray*	bandeja

CD 2.64

2 FRASES Ouça a essas frases de um agente de segurança (*officer*) do aeroporto durante a inspeção de segurança, pronuncie-as em voz alta e tente decorá-las.

Keys, coins, billfors, if you have any items in your pocket, put them in the tray.	Chaves, moedas, carteiras, se você tiver qualquer coisa em seu bolso, coloque-as na bandeja.
Go through the metal detector.	Passe pelo detector de metais.
Do you have any liquids, gels, and aerosols?	Você está levando líquidos, géis e aerossóis?
Can you please open your bag for me?	Por favor, abra a sua mala para mim.
This mouthwash is too large. I'm afraid you'll have to leave it here.	Este antisséptico bucal é muito grande. Sinto muito, mas você terá que deixá-lo aqui.
Here let me stamp your boarding card.	Preciso carimbar o seu cartão de embarque.

CD 2.65

3 EXERCÍCIO Ouça a essas frases de um passageiro durante a inspeção de segurança, pronuncie-as em voz alta e tente decorá-las.

I have some shampoo and some mouthwash.	Tenho um xampu e um antisséptico bucal.
I must have missed a couple of coins in my pocket.	Devo ter deixado algumas moedas no bolso.
I'm sorry. I had no idea about that.	Sinto muito. Não sabia disso.

CD 2.66

4 DIÁLOGO Ouça o agente de segurança (*officer*) **DOUGLAS** conversando com o passageiro **PAULO ROCHA**, que é barrado pelo detector de metais, na inspeção de segurança no aeroporto. Em seguida leia em voz alta.

DOUGLAS: *Keys, coins, billfolds, if you have any items in your pocket, put them in the tray. Go through the metal detector.*

(soa o alarme do detector de metais)

PAULO: *I must have missed a couple of coins in my pocket.*

DOUGLAS: *Go through the metal detector again. Do you have any liquids, gels, and aerosols?*

PAULO: *I have some shampoo and some mouthwash.*

DOUGLAS: *Can you please open your bag for me?*

DOUGLAS: *This mouthwash is too large. I'm afraid you'll have to leave it here.*

PAULO: *I'm sorry. I had no idea about that.*

DOUGLAS: *Here, let me stamp your boarding card.*

5 CONVERSAÇÃO Leia o diálogo acima em voz alta, substituindo as partes em destaque pelas seguintes informações:

Metal esquecido no bolso: *keys*
Produtos na mala: *some perfume and some moisturizing lotion*
Produto apreendido: *moisturizing lotion*

OUTRAS PERGUNTAS COMUNS DOS AGENTES DE SEGURANÇA:	
Have you packed your bag on your own? Foi você quem fez a sua própria mala?	Have you left your luggage unattended? Você deixou a sua mala sozinha?
Has anyone given you anything to carry? Alguém lhe deu algo para levar?	Could anyone have tampered with your luggage? Alguém poderia ter mexido na sua bagagem?

6 EXERCÍCIO Desembaralhe as letras e escreva de forma correta o nome desses itens relacionados à inspeção de segurança no aeroporto.

1. M – O – H – S – O – P – A

_____

2. S – T – M – A – O – H – W – U – H

_____

3. L – F – D – I – L – O – B – L

_____

4. E – K – O – C – T – P

_____

7 EXERCÍCIO Ordene as palavras para construir a pergunta e leia-a em voz alta.

open / for / you / bag / can / your / me / please / ?

_____

_____

8 EXERCÍCIO Ouça aos diálogos entre **ANDY**, um inspetor de segurança, conversando com dois passageiros, **SCOTT** e **TINA**, passando pelo detector de metais na inspeção de segurança no aeroporto e responda as perguntas abaixo.

1. _Verdadeiro ou Falso: SCOTT e TINA foram pegos no detector de metais por terem moedas em seus bolsos._
A. _Verdadeiro_ **B.** _Falso_ **C.** _Não diz_

2. _Quem precisou deixar para trás a loção hidratante por ser muito grande?_
A. _TINA_ **B.** _SCOTT_ **C.** _Os dois_

3. _Verdadeiro ou Falso: Nem TINA nem SCOTT tiveram problemas com o tamanho do xampu._
A. _Verdadeiro_ **B.** _Falso_ **C.** _Não diz_

4. _Que passageiro está fazendo uma viagem internacional?_
A. _TINA_ **B.** _SCOTT_ **C.** _Não diz_

5. _Verdadeiro ou Falso: TINA teve problemas no detector de metais com moedas e por levar um antisséptico bucal muito grande._
A. _Verdadeiro_ **B.** _Falso_ **C.** _Não diz_

LIÇÃO 34
PASSANDO PELA IMIGRAÇÃO

Nesta lição, você irá aprender a conversar com um fiscal de imigração sobre documentos, propósito da visita e estadia ao **passar pela imigração** no país de destino.

CD 2.68

🔊 **1 VOCABULÁRIO** Ouça a essas palavras e expressões, pronuncie-as em voz alta e tente decorá-las.

business	negócio	*passport*	passaporte
country	país	*relatives*	parentes
customs declaration form	documento de declaração alfandegária	*to stay*	ficar hospedado
friends	amigos	*to study*	estudar
medical treatment	tratamento médico	*vacation*	férias

CD 2.69

🔊 **2 FRASES** Ouça a essas frases de um fiscal de imigração sobre documentos, propósito da visita e estadia do passageiro na passagem de turistas pela imigração, pronuncie-as em voz alta e tente decorá-las.

May I see your passport and your customs declaration form?	Posso ver o seu passaporte e o seu documento de declaração alfandegária?
Where are you coming from?	De onde o senhor está vindo?
What is the purpose of your visit?	Qual é o propósito da sua visita?
How long do you plan to stay in the country?	Quanto tempo o senhor pretende ficar no país?
Where will you be staying?	Onde o senhor ficará hospedado?

3 FRASES Ouça a essas frases do passageiro sobre documentos, propósito da visita e estadia na passagem pela imigração, pronuncie-as em voz alta e tente decorá-las.

I'm coming from São Paulo, Brazil.	Estou vindo de São Paulo no Brasil.
I'm here on vacation.	Vim de férias.
I'm here to visit some friends.	Vim visitar alguns amigos.
I'll be here for fifteen (15) days.	Ficarei 15 dias.
I'll be staying at a hotel.	Ficarei hospedado em um hotel.
I'll be staying with some friends.	Ficarei hospedado na casa de amigos.

4 DIÁLOGO Ouça **MARK**, um fiscal de imigração, conversando com o passageiro **PAULO ROCHA** sobre documentos, propósito da visita e estadia na passagem pela imigração. Em seguida leia em voz alta.

MARK: *May I see your passport and your customs declaration form? Where are you coming from?*

PAULO: *I'm coming from São Paulo, Brazil.*

MARK: *What is the purpose of your visit?*

PAULO: *I'm here on vacation.*

MARK: *How long do you plan to stay in the country?*

PAULO: *I'll be here for fifteen (15) days.*

MARK: *Where will you be staying?*

PAULO: *I'll be staying with some friends.*

5 CONVERSAÇÃO Leia o diálogo acima em voz alta, substituindo as partes em destaque pelas seguintes informações:

Cidade de origem: *Recife*
Propósito da viagem: *to visit some friends*
Tempo de estadia: *four (4) days*
Local de hospedagem: *at a hotel*

OUTRAS FALAS COMUNS DO FISCAL DE IMIGRAÇÃO:	
Please stand behind the yellow line.	Have you ever been to the United States?
Por favor, fique atrás da linha amarela.	O senhor já esteve nos Estados Unidos?
Can you come through here, please?	Do you have a return ticket?
O senhor poderia vir por aqui, por favor?	O senhor tem passagem de ida e de volta?

6 EXERCÍCIO Complete as perguntas com base nas respostas no quadro abaixo e, em seguida, associe a pergunta com a resposta correspondente.

PERGUNTAS

1. *What is the* _____ *of your visit?* ☐
2. *Where will you be* _____ *?* ☐
3. *Where are you* _____ *from?* ☐

RESPOSTAS

A. *I'll be staying at a hotel.*
B. *I'm coming from São Paulo.*
C. *I'm here on vacation.*

7 EXERCÍCIO Ordene as palavras para construir a pergunta e leia-a em voz alta.

plan / the / in / long / country / do / stay / how / to / you / ?

_____

_____

CD 2.72

🔊 **8 EXERCÍCIO** Ouça aos diálogos entre **ERIC**, um fiscal de imigração, conversando com dois passageiros, **SCOTT** e **TINA**, sobre documentos, propósito da visita e estadia na passagem pela imigração e responda as perguntas abaixo.

1. *Verdadeiro ou Falso: SCOTT e TINA ficarão morando na mesma cidade.*
   A. *Verdadeiro*   **B.** *Falso*   **C.** *Não diz*

2. *Qual dos dois ficará hospedado com amigos?*
   A. *TINA*   **B.** *SCOTT*   **C.** *Os dois*

3. *Verdadeiro ou Falso: A TINA e o SCOTT vieram da Europa.*
   A. *Verdadeiro*   **B.** *Falso*   **C.** *Não diz*

4. *Qual dos dois ficará menos tempo nos Estados Unidos?*
   A. *TINA*   **B.** *SCOTT*   **C.** *Não diz*

5. *Verdadeiro ou Falso: SCOTT fará um tratamento médico e ficará hospedado com parentes.*
   A. *Verdadeiro*   **B.** *Falso*   **C.** *Não diz*

LIÇÃO 35
PASSANDO PELA ALFÂNDEGA

Nesta lição, você irá aprender a conversar com um fiscal alfandegário sobre **itens a declarar** e **bagagem** ao passar pela alfândega no país de destino.

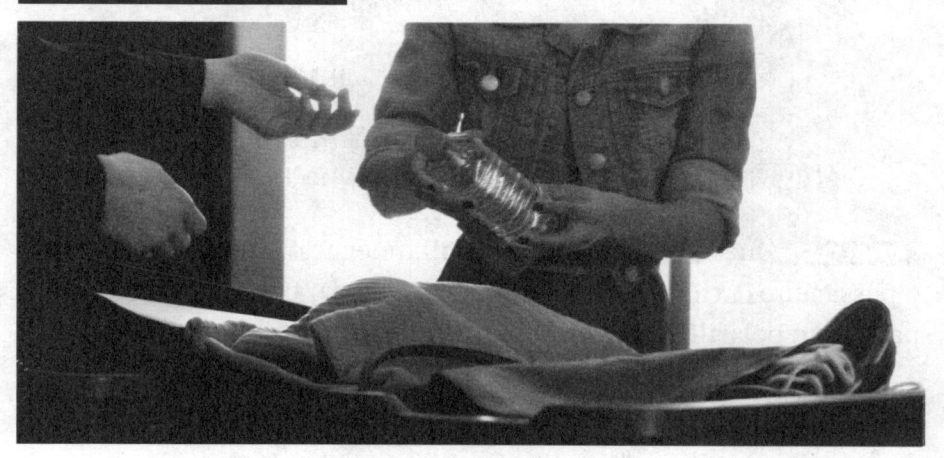

CD 2.73

1 VOCABULÁRIO Ouça a essas palavras e expressões, pronuncie-as em voz alta e tente decorá-las.

books	livros	*money*	dinheiro
bottle of wine	garrafa de vinho	*pack of cigarettes*	maço de cigarros
clothes	roupas	*personal belongings*	pertences
to declare	declarar	*plants*	plantas
liquor	bebida alcoólica	*things*	itens

CD 2.74

2 FRASES Ouça a essas frases de um fiscal alfandegário sobre itens a declarar e bagagem na passagem de turistas pela alfândega, pronuncie-as em voz alta e tente decorá-las.

Do you have anything to declare?	O senhor tem algo a declarar?
How much money do you have with you?	Quanto dinheiro o senhor está trazendo?
What do you have in this suitcase?	O que o senhor tem nesta mala?
Have a nice stay in the United States.	Tenha uma boa estadia nos Estados Unidos.

CD 2.75

3 FRASES Ouça a essas frases de um passageiro sobre itens a declarar e bagagem na passagem pela alfândega, pronuncie-as em voz alta e tente decorá-las.

I don't have anything to declare.	Não tenho nada a declarar.
I'd like to declare these things.	Gostaria de declarar esses itens.
I have two packs of cigarettes.	Trago dois maços de cigarros.
I have five thousand dollars ($5,000.00) with me.	Trago 5 mil dólares.
I have some books and clothes.	Trago alguns livros e roupas.
I have some personal belongings.	Trago alguns pertences.

CD 2.76

4 DIÁLOGO Ouça **ROBERT**, um fiscal alfandegário, conversando com o passageiro **PAULO ROCHA** sobre itens a declarar e bagagem na passagem pela alfândega. Em seguida leia em voz alta.

ROBERT: *Do you have anything to declare?*
PAULO: *I'd like to declare these things. I have two packs of cigarettes.*
ROBERT: *How much money do you have with you?*
PAULO: *I have five thousand dollars ($5,000.00) with me.*
ROBERT: *What do you have in this suitcase?*
PAULO: *I have some personal belongings.*
ROBERT: *Have a nice stay in the United States.*

5 CONVERSAÇÃO Leia o diálogo acima em voz alta, substituindo as partes em destaque pelas seguintes informações:

Itens a declarar: *some plants*
Quantia em dinheiro: *three thousand dollars ($3,000.00)*
Conteúdo da mala: *books and clothes*

OUTRAS PERGUNTAS COMUNS DO FISCAL ALFANDEGÁRIO:	
Do you have any prohibited items? O senhor está trazendo itens proibidos?	**Do you have any liquor or cigarettes?** O senhor está trazendo bebidas alcoólicas ou cigarros?
Do you have any fruits or plants? O senhor está trazendo frutas ou plantas?	**Are you carrying any animals?** O senhor está trazendo animais?

6 EXERCÍCIO Complete as lacunas conforme as dicas e depois leia as sentenças em voz alta.

1. maços de cigarros	*I have three* _____.
2. plantas	*I have some books and* _____.
3. garrafa de vinho	*I have a* _____.
4. pertences	*I have some* _____.

7 EXERCÍCIO Ordene as falas do diálogo de A a G conforme a sequência estudada na lição. Indique também quem deve utilizá-la; use **F** para FISCAL e **T** para TURISTA.

	F	T	
1.	☐		*I have five thousand dollars ($5,000.00) with me.*
2.	☐		*What do you have in this suitcase?*
3.	☐		*I'd like to declare these articles. I have two packs of cigarettes.*
4.	☐		*Have a nice stay in the United States.*
5.	☐		*I have some personal belongings.*
6.	A	F	*Do you have anything to declare?*
7.	☐		*How much money do you have with you?*

CD 2.77

8 EXERCÍCIO Ouça aos diálogos entre **DENNIS**, um fiscal de imigração, conversando com dois passageiros, **SCOTT** e **TINA**, sobre itens a declarar e bagagem na passagem pela alfândega e responda as perguntas abaixo.

1. *Verdadeiro ou Falso: SCOTT e TINA trouxeram mais dinheiro do que permitido pelo país.*
   A. *Verdadeiro*   **B.** *Falso*   **C.** *Não diz*
2. *Qual dos dois trouxe pertences na mala?*
   A. *TINA*   **B.** *SCOTT*   **C.** *Os dois*
3. *Verdadeiro ou Falso: A TINA trouxe mais dinheiro que o SCOTT.*
   A. *Verdadeiro*   **B.** *Falso*   **C.** *Não diz*
4. *Qual dos dois trouxe maços de cigarro?*
   A. *TINA*   **B.** *SCOTT*   **C.** *Os dois*   **D.** *Não diz*
5. *Verdadeiro ou Falso: SCOTT trouxe uma garrafa de vinho e TINA maços de cigarro.*
   A. *Verdadeiro*   **B.** *Falso*   **C.** *Não diz*

CHECKPOINT #7
AVALIAÇÃO

1 Complete o diálogo entre KATE, uma agente de passagens, e DEREK, um passageiro fazendo o check-in no aeroporto, com as palavras do quadro abaixo e leia-o em voz alta.

> passport bags passenger twenty-three flying
> suitcases check-in baggage JJ875

DEREK: *Hi. I want to* **(1)**_____ .
KATE: *Where are you* **(2)**_____ *today?*
DEREK: *I'm on flight* **(3)**_____ *to Denton. I want to check-in.*
KATE: *May I see your ticket and your* **(4)**_____ ?
Do you have any **(5)**_____ *to check-in?*
DEREK: *I have three* **(6)**_____ *to check. I have one hand luggage.*
KATE: *Please put your* **(7)**_____ *on the scale.*
DEREK: *What's the baggage allowance per* **(8)**_____ ?
KATE: *It's* **(9)**_____ *kilos per passenger. Here are your luggage tags.*

2 Desembaralhe as letras e escreva de forma correta as palavras abaixo usadas ao passar pela imigração.

1. L – I – E – R – T – S – E – A – V _____
2. A – C – N – A – I - V – O – T _____
3. E – T – A – N – R – T – T – E – M _____

3 Ouça três (3) passageiros, SCOTT, TAMMY e TINA, conversando com JERRY, um agente de viagens, sobre assento e preço da passagem aérea. Relacione o número do assento de cada passageiro com o seu local de assento e o preço da passagem. Existem opções sobrando.

Local de Assento	Número do Assento	Preço da Passagem
assento na janela	1. 17 B	$573.00
classe executiva	2. 34 A	$269.00
assento no corredor	3. 27 D	$384.00
classe econômica		$569.00
assento no meio		$284.00
primeira classe		$373.00

TRANSPORTE AÉREO: AVIÃO

NESTE CAPÍTULO:

LIÇÃO 36	Nesta lição, você irá aprender a conversar com a equipe de solo, o comissário de bordo e outros passageiros sobre **cartão de embarque** e **local do assento** ao embarcar no avião.
EMBARCANDO NO AVIÃO	

CD 2.79

1 VOCABULÁRIO Ouça a essas palavras e expressões, pronuncie-as em voz alta e tente decorá-las.

in the aisle	no corredor	*in the middle*	no meio
to board	embarcar	*on the right*	à direita
boarding card	cartão de embarque	*seat*	assento
ID, identification	documento de identificação	*seat number*	número do assento
on the left	à esquerda	*by the window*	na janela

CD 2.80

2 FRASES Ouça a essas frases da equipe de solo e dos comissários de bordo durante o embarque de passageiros no avião, pronuncie-as em voz alta e tente decorá-las.

Can I see your boarding card and some ID please?	Posso ver o seu cartão de embarque e algum documento de identificação, por favor?
Have a nice flight.	Faça uma boa viagem.
May I see your boarding card?	Posso ver o seu cartão de embarque?
Your seat is twenty-three A (23A).	O seu assento é o 23A.
Your seat is on the left in the aisle.	O seu assento fica à esquerda do avião no corredor.

3 FRASES Ouça a essas frases de um passageiro durante o embarque no avião, pronuncie-as em voz alta e tente decorá-las.

Where is my seat?	Onde é o meu assento?
Excuse me. I believe that's my seat.	Com licença. Acho que este é o meu assento.
What's your seat number?	Qual é o número do seu assento?
Let me check my boarding card. My seat number is twenty-eight A (28A).	Vou verificar no meu cartão de embarque. O meu número é 28A.
You are right. Sorry. I'll just move.	O senhor está certo. Desculpa, vou mudar de lugar.

4 DIÁLOGO Ouça ROGER, da equipe de solo, LINDA, uma comissária de bordo, e DORIS, uma passageira, conversando com o passageiro PAULO ROCHA durante o embarque no avião. Em seguida leia em voz alta.

ROGER: *Can I see your boarding card and some ID please? Have a nice flight.*

LINDA: *May I see your boarding card?*

PAULO: *Where is my seat?*

LINDA: *Your seat is twenty-three A (23A). Your seat is on the left in the aisle.*

PAULO: *Excuse me. I believe that's my seat. What's your seat number?*

DORIS: *Let me check my boarding pass. My seat number is twenty-eight A (28A). You are right. Sorry. I'll just move.*

5 CONVERSAÇÃO Leia o diálogo acima em voz alta, substituindo as partes em destaque pelas seguintes informações:

Número do assento do Paulo: *sixteen F (16F)*
Local do assento do Paulo: *on the right by the window*
Número do assento da Doris: *six F (6F)*

POSSÍVEIS FUNCIONÁRIOS PRESENTES NO EMBARQUE:	
ground staff	**cabin crew**
equipe de solo	tripulação de bordo (cabine)
flight attendant	**cabin chief**
comissário(a) de bordo, aeromoça	chefe de cabine

6 EXERCÍCIO Complete as lacunas conforme as dicas e depois leia as sentenças em voz alta.

1. no meio	Your seat is _____ .
2. à direita	Your seat is _____ .
3. na janela	Your seat is _____ .
4. à esquerda	Your seat is _____ .

7 EXERCÍCIO Escreva em inglês a seguinte frase estudada na lição e depois leia-a em voz alta.

Com licença. Acho que este é o meu assento.

_____

_____

 8 EXERCÍCIO Ouça aos diálogos entre SCOTT e uma passageira e entre TINA e outro passageiro ao embarcarem no avião e serem ajudados por uma comissária. Em seguida responda as perguntas abaixo.

1. *Verdadeiro ou Falso: Depois da troca de assentos, a outra passageira irá sentar-se no banco bem à frente do SCOTT.*
   A. *Verdadeiro*   **B.** *Falso*
   C. *Não diz*

2. *Em que lado do avião TINA irá se assentar?*
   A. *Lado direto*   **B.** *Lado esquerdo*
   C. *Não diz*

3. *Verdadeiro ou Falso: Depois da troca de assentos, TINA irá sentar-se na mesma fileira que o outro passageiro.*
   A. *Verdadeiro*   **B.** *Falso*
   C. *Não diz*

4. *SCOTT irá sentar-se em que lado do avião?*
   A. *Lado direto*   **B.** *Lado esquerdo*
   C. *Não diz*

LIÇÃO 35
REFEIÇÕES NO VOO

Nesta lição, você irá aprender a conversar com o comissário de bordo sobre bebidas e comidas servidas durante as **refeições no voo**.

CD 2.84

🔊 **1 VOCABULÁRIO** Ouça a essas palavras e expressões, pronuncie-as em voz alta e tente decorá-las.

apple juice	suco de maçã		*juice*	suco
beef	carne		*lunch*	almoço
chicken	frango		*orange juice*	suco de laranja
fish	peixe		*soft drinks*	refrigerantes
grape juice	suco de uva		*water*	água

CD 2.85

🔊 **2 FRASES** Ouça a essas frases da comissária de bordo sobre bebidas e comidas durante o serviço de refeições durante o voo, pronuncie-as em voz alta e tente decorá-las.

Would you like something to drink, sir?	O senhor gostaria de beber algo?
We have juices, soft drinks, and water.	Temos sucos, refrigerantes e água.
We have orange juice and apple juice.	Temos suco de laranja e suco de maçã.
We will be serving lunch. Would you like something to eat?	Serviremos o almoço. O senhor gostaria de comer algo?
We have beef and chicken.	Temos carne e frango.

CD 2.85

3 FRASES Ouça a essas frases de um passageiro sobre bebidas e comidas durante o serviço de refeições no voo, pronuncie-as em voz alta e tente decorá-las.

What kind of drinks do you have?	Que bebidas vocês têm?
What kind of juices do you have?	Que sucos vocês têm?
Please give me an orange juice with ice.	Por favor, me dê um suco de laranja com gelo.
What do you have for lunch?	O que vocês têm para o almoço?
I'll have the chicken.	Vou querer o frango.

CD 2.87

4 DIÁLOGO Ouça **LINDA**, uma comissária de bordo, conversando com o passageiro **PAULO ROCHA** sobre bebidas e comidas durante o serviço de refeições no voo. Em seguida leia em voz alta.

LINDA: *Would you like something to drink, sir?*

PAULO: *What kind of drinks do you have?*

LINDA: *We have juices, soft drinks, and water.*

PAULO: *What kind of juices do you have?*

LINDA: *We have orange juice and apple juice.*

PAULO: *Please give me an orange juice with ice.*

LINDA: *We will be serving lunch. Would you like something to eat?*

PAULO: *What do you have for lunch?*

LINDA: *We have beef and chicken.*

PAULO: *I'll have the chicken.*

5 CONVERSAÇÃO Leia o diálogo acima em voz alta, substituindo as partes sem destaque pelas seguintes informações:

Sucos oferecidos: *apple juice and grape juice*
Suco escolhido: *a grape juice*
Comida oferecida: *chicken and fish*
Comida escolhida: *fish*

POSSÍVEIS REFRIGERANTES SERVIDOS NO VOO:			
Coke	**Diet Coke**	**Pepsi**	**Sprite**
Coca, Coca-Cola	Coca diet	Pepsi	Sprite

6 **EXERCÍCIO** Escreva na tabela abaixo o nome das comidas e bebidas servidas durante o voo, as quais já estudamos na lição, a partir de sete (7) dicas dadas e depois leia-as em voz alta.

7 **EXERCÍCIO** Escreva em inglês a seguinte pergunta, estudada na lição, e depois leia-a em voz alta.

Serviremos o almoço. O senhor gostaria de comer algo?

CD 2.88

8 **EXERCÍCIO** Ouça aos diálogos entre **CALVIN**, um comissário de bordo, conversando com dois passageiros, **SCOTT** e **TINA**, sobre comidas e bebidas durante o serviço de refeições no voo e responda as perguntas abaixo.

	VERDADEIRO	FALSO
1. TINA e SCOTT pediram peixe.	☐	☐
2. SCOTT pediu suco e TINA, refrigerante.	☐	☐
3. Os dois pediram bebidas com gelo.	☐	☐
4. O comissário ofereceu Pepsi para TINA.	☐	☐
5. O comissário ofereceu frango para SCOTT.	☐	☐

LIÇÃO 38
MAL-ESTAR NO VOO

Nesta lição, você irá aprender a conversar com o comissário de bordo sobre **sintomas** e **medicamentos** durante um mal-estar no voo.

CD 2.89

🔊 **1 VOCABULÁRIO** Ouça a essas palavras e expressões, pronuncie-as em voz alta e tente decorá-las.

airsickness	enjoo, mal-estar	*medicine*	remédio
coughing	tossindo	*nose*	nariz
diarrhea	diarreia	*sneezing*	espirrando
drops	gotas	*stuffed*	entupido
to feel	sentir	*table spoonful*	colher de sopa cheia
headache	dor de cabeça	*tablet*	comprimido

CD 2.90

🔊 **2 FRASES** Ouça a essas frases de uma comissária de bordo durante o mal-estar de um passageiro no voo, pronuncie-as em voz alta e tente decorá-las

You don't look well.	Você não parece bem.
What are you feeling?	O que está sentindo?
Take a tablet of this medicine.	Tome um comprimido deste remédio.
Take five drops of this medicine.	Tome cinco gotas deste remédio.
Take one table spoonful of this medicine.	Tome uma colher de sopa cheia deste remédio.
Are you feeling better now?	Está se sentindo melhor agora?

3 FRASES Ouça a essas frases de um passageiro durante um mal-estar no voo, pronuncie-as em voz alta e tente decorá-las.

Excuse me. I don't feel well.	Com licença, não estou me sentindo bem.
Do you have some medicine for airsickness?	Você tem algum remédio para enjoo?
I have diarrhea.	Estou com diarreia.
I'm sneezing.	Estou espirrando.
My nose is stuffed.	Meu nariz está entupido.
I've got a headache.	Estou com dor de cabeça.

4 DIÁLOGO Ouça **LINDA**, uma comissária de bordo, conversando com dois passageiros, **PAULO ROCHA** e **DANIEL WELLS**, passando mal no voo. Em seguida leia em voz alta.

PAULO: *Excuse me. I don't feel well.*
LINDA: *You don't look well. What are you feeling?*
PAULO: *Do you have some medicine for airsickness?*
LINDA: *Take a tablet of this medicine.*
(alguns minutos mais tarde)
LINDA: *Are you feeling better now?*

DANIEL: *Excuse me. I don't feel well.*
LINDA: *You don't look well. What are you feeling?*
DANIEL: *My nose is stuffed. I've got a headache.*
LINDA: *Take one table spoonful of this medicine.*
(alguns minutos mais tarde)
LINDA: *Are you feeling better now?*

5 CONVERSAÇÃO Leia o diálogo acima em voz alta, substituindo as partes em destaque pelas seguintes informações:

Mal-estar do Paulo: *I'm sneezing.*
Medicamento para o Paulo: *Take five drops of this medicine.*
Mal-estar do Daniel: *I have diarrhea.*
Medicamento para o Daniel: *Take a tablet of this medicine.*

OUTROS POSSÍVEIS MAL-ESTARES NO VOO:		
I've got a stomachache. Estou com dor de estômago.	**I'm coughing.** Estou tossindo.	**I have a heartburn.** Estou com azia.
I have an earache. Estou com dor de ouvido.	**I've got a sore throat.** Estou com dor de garganta.	**I feel dizzy.** Estou com tontura.

6 **EXERCÍCIO** Desembaralhe as letras e escreva de forma correta as palavras abaixo, relacionadas a mal-estar no voo.

1. *D – T – F – S – E – F – U*
_____

2. *R – A – E – H – D – R – A – I*
_____

3. *D – N – C – E – E – I – I – M*
_____

4. *D – H – A – E – H – A – C – E*
_____

7 **EXERCÍCIO** Complete as lacunas conforme as dicas e depois leia as sentenças em voz alta.

1. espirrando	*I'm* _____.
2. nariz	*My* _____ *is stuffed.*
3. comprimido	*Take a* _____ *of this medicine.*
4. sentindo	*Are you* _____ *better now?*

CD 2.93

8 **EXERCÍCIO** Ouça aos diálogos entre **CALVIN**, um comissário de bordo, conversando com dois passageiros, **SCOTT** e **TINA**, passando mal no voo e responda às perguntas abaixo.

1. *Verdadeiro ou Falso: TINA e SCOTT têm problemas relacionados ao nariz.*
   A. *Verdadeiro*   **B.** *Falso*

2. *Qual dos dois precisa tomar um remédio líquido?*
   A. *TINA*   **B.** *SCOTT*
   C. *Os dois*

3. *Verdadeiro ou Falso: Além de tossir, TINA tem dor de cabeça.*
   A. *Verdadeiro*   **B.** *Falso*

4. *Quantas colheres de medicamento TINA precisou tomar?*
   A. *Uma*   **B.** *Duas*
   C. *Ela não tomou medicamento líquido.*

5. *Verdadeiro ou Falso: TINA mede o seu remédio em gotas e SCOTT com colher.*
   A. *Verdadeiro*   **B.** *Falso*

LIÇÃO 39
PREPARANDO-SE PARA ATERRISSAR

Nesta lição, você irá aprender a conversar com um comissário de bordo sobre **temperatura**, **hora local** e **formulário para preenchimento** durante a preparação para a aterrissagem.

1 VOCABULÁRIO Ouça a essas palavras e expressões, pronuncie-as em voz alta e tente decorá-las.

a.m.	antes do meio dia		*local time*	hora local
degree	grau		*to land*	aterrissar
Fahrenheit	Fahrenheit		*p.m.*	depois do meio dia, à tarde
to fill (in)	preencher		*temperature*	temperatura
form	formulário		*visitor*	visitante, turista

2 FRASES Ouça a essas frases de uma comissária de bordo sobre temperatura, horal local e formulário durante a preparação para a aterrissagem, pronuncie-as em voz alta e tente decorá-las.

We will be landing in about fifteen (15) minutes.	Aterrissaremos em cerca de 15 minutos.
The temperature in Miami right now is seventy-five (75) degrees Fahrenheit.	A temperatura em Miami no momento é de 75 graus Fahrenheit.
The local time in Miami right now is three (3:00) p.m.	A hora local em Miami nesse momento é 3 da tarde.
This is a Customs and Immigration form that all visitors are required to fill in.	Este é um formulário de alfândega e imigração que todos os visitantes devem preencher.

CD 2.96

3 FRASES Ouça a essas frases de um passageiro sobre temperatura, hora local e formulário durante a preparação para a aterrissagem, pronuncie-as em voz alta e tente decorá-las.

When will we land at Miami airport?	Quando aterrissaremos no aeroporto de Miami?
What's the temperature in Miami?	Qual é a temperatura em Miami?
What is the local time in Miami?	Qual é a hora local em Miami?
What's this form for?	Para que serve este formulário?
Please, tell me how to fill this form.	Por favor, me explique como preencher este formulário.

CD 2.97

4 DIÁLOGO Ouça **LINDA**, uma comissária de bordo, conversando com o passageiro **PAULO ROCHA** sobre temperatura, horal local e formulário durante a preparação para a aterrissagem. Em seguida leia em voz alta.

PAULO: *When will we land at Miami International Airport?*
LINDA: *We will be landing in about fifteen (15) minutes.*
PAULO: *What's the temperature in Miami right now?*
LINDA: *The temperature in Miami right now is seventy-five (75) degrees Fahrenheit.*
PAULO: *What is the local time in Miami?*
LINDA: *The local time in Miami right now is three (3:00) p.m.*
PAULO: *What's this form for?*
LINDA: *This is a Customs and Immigration form that all visitors are required to fill in.*
PAULO: *Please, tell me how to fill this form.*

5 CONVERSAÇÃO Leia o diálogo acima em voz alta, substituindo as partes em destaque pelas seguintes informações:

Aeroporto de Chicago: *O'Hare International Airport*
Tempo até o pouso: *twenty (20) minutes*
Temperatura em Chicago: *fifty-five (55) degrees*
Hora local em Chicago: *seven (7:00) a.m.*

INFORMAÇÕES SOBRE O PREENCHIMENTO DO FORMULÁRIO:		
Fill the form in ink and capital letters. Preencha o formulário à caneta e com letras maiúsculas.	Please, fill this form before the plane lands. Favor preencher este formulário antes da aeronave aterrissar.	You will use that in the airport before you enter the country. Este formulário deverá ser entregue no aeroporto antes de entrar no país.

6 EXERCÍCIO Complete as lacunas conforme as dicas e depois leia as sentenças em voz alta.

1. hora local	*What is the _____ in Miami?*
2. preencher	*Please, tell me how _____ this form.*
3. aterrissar	*When will we _____ at Miami airport?*
4. graus	*The temperature in Miami right now is seventy-five (75) _____ Fahrenheit.*

7 EXERCÍCIO Assinale a quem pertence cada uma das cinco (5) frases abaixo.

	COMISSÁRIO	PASSAGEIRO
1. *The local time in Miami right now is three (3:00) p.m.*	☐	☐
2. *What's this form for?*	☐	☐
3. *What's the temperature in Miami?*	☐	☐
4. *We will be landing in about fifteen (15) minutes.*	☐	☐
5. *This is a Customs and Immigration form that all visitors are required to fill in.*	☐	☐

CD 2.98

🔊 **8 EXERCÍCIO** Ouça aos diálogos entre **Scott** e **Tina**, em voos diferentes, conversando com **Evelyn**, uma comissária de bordo, durante a preparação para a aterrissagem e responda as perguntas abaixo.

1. *Verdadeiro ou Falso: TINA chegará em seu destino 1 hora após SCOTT.*
   A. *Verdadeiro*   **B.** *Falso*

2. *Qual dos dois terá mais tempo para preencher o formulário até a aterrissagem?*
   A. *TINA*   **B.** *SCOTT*   **C.** *Os dois terão o mesmo tempo*

3. *Verdadeiro ou Falso: A temperatura em Dallas está mais alta que a de Houston.*
   A. *Verdadeiro*   **B.** *Falso*

4. *Quem se confundiu e perguntou a hora local do destino errado?*
   A. *TINA*   **B.** *SCOTT*

5. *Verdadeiro ou Falso: TINA chegará em Dallas com uma temperatura de 85 graus Fahrenheit.*
   A. *Verdadeiro*   **B.** *Falso*

CHECKPOINT #8
AVALIAÇÃO

1 Assinale a quem pertence cada uma das cinco (5) frases abaixo.

	COMISSÁRIO	PASSAGEIRO
1. *Let me check my boarding card.*	☐	☐
2. *May I see your boarding card?*	☐	☐
3. *Your seat is twenty-three A (23A).*	☐	☐
4. *You are right. Sorry. I'll just move.*	☐	☐
5. *Have a nice flight.*	☐	☐

2 Ordene as palavras para construir as sentenças e leia-as em voz alta.

1. *this / spoonful / one / medicine / take / of / table / .*

_____

_____

2. *airsickness / have / for / some / you / medicine / do / ?*

_____

_____

3. *look / how / feel / well / you / do / don't / you / . / ?*

_____

_____

3 Ouça dois (2) passageiros, RANDY e AMANDA, conversando com o comissário de bordo, TROY, durante o serviço de refeições no voo. Em seguida, complete o quadro abaixo com as escolhas de cada um.

PASSAGEIRO	BEBIDA	COMIDA
1. Randy		
2. Amanda		

GUIA DE RESPOSTAS DOS EXERCÍCIOS E CD DE ÁUDIO

Lição 1 Nomes, Países e Profissões

Exercício 6: Resposta
1. businessman
2. England
3. accountant
4. secretary
5. student

Exercício 7: Resposta
1. What do you do?
2. Where are you from?

Exercício 8: Áudio
1.
JAMES: Hello. I'm James Madison. What's your name?
MARCOS: Hi, James. My name is Marcos Lorenz.
JAMES: Can you spell it, please?
MARCOS: It's L – O – R – E – N – Z. Marcos Lorenz.
JAMES: Where are you from?
MARCOS: I am from Canada.
JAMES: What do you do?
MARCOS: I am a teacher.
2.
JAMES: Hello. I'm James Madison. What's your name?
BIANCA: Hi, James. My name is Bianca Mathies.
JAMES: Can you spell it, please?
BIANCA: It's M – A – T – H – I – E – S. Bianca Mathies.
JAMES: Where are you from?
BIANCA: I am from England.
JAMES: What do you do?
BIANCA: I am a doctor.

Exercício 8: Resposta
1. A
2. B
3. A
4. C

Lição 2 Telefone e Endereços

Exercício 6: Resposta
2. five three four nine, double two one three
3. five oh (zero) eight
4. nine five seven three, zero (oh) three four six

Exercício 7: Resposta
Where are you staying?

Exercício 8: Áudio
JAMES: Where are you staying?
TURISTA: I'm staying at the Palm Grand Hotel.
JAMES: What's the address of the Palm Grand Hotel?
TURISTA: The address is 1265 Pine Road.
JAMES: What's your phone number?
TURISTA: My phone number is 292-5213.
JAMES: What's your e-mail address?
TURISTA: My e-mail address is vaderman974@
freemail.com.

Exercício 8: Resposta
1. B
2. C
3. C
4. A

Lição 3 Dias e Meses

Exercício 6: Resposta
1. December
2. January
3. May
4. February
5. October
6. July
7. June
8. March

Exercício 7: Resposta
2. eleven
3. eighteen
4. fifteen

Exercício 8: Áudio
JAMES: How long have you been here?
TURISTA: I have been here for twelve days.
JAMES: When did you arrive?
TURISTA: I arrived on October twelve.
JAMES: How long will you be staying?
TURISTA: I will be staying for six more days.
JAMES: When will you be leaving?
TURISTA: I will be leaving on October thirty.

Exercício 8: Resposta
1. B
2. B
3. C
4. A
5. C

Lição 4 Dias da Semana e Hora

Exercício 6: Resposta
2. It's three forty-five p.m.
3. It's eleven oh eight a.m.
4. It's six thirty-seven p.m.
5. It's twelve thirty p.m.

Exercício 7: Resposta
1. Thursday
2. Wednesday
3. Saturday
4. Tuesday

Exercício 8: Áudio
TURISTA: What time is it?
ANDREW: It's eight oh seven a.m.
TURISTA: What time does the store open?
ANDREW: The store opens at nine fifteen a.m.
TURISTA: What time does the museum close on Friday?
ANDREW: The museum closes at four thirty p.m. on
Friday.
TURISTA: When is the shopping mall open?
ANDREW: The shopping mall is open from ten twenty
a.m. to nine thirty p.m., Tuesday to Saturday.

Exercício 8: Resposta
1. B
2. B
3. A
4. C
5. A

Checkpoint #1

Checkpoint 1: Resposta
1. engineer
2. doctor
3. businesswoman

Checkpoint 2: Resposta
1. bank; Wednesday - D
2. shopping mall - A
3. restaurant - B
4. time - C

Checkpoint 3: Áudio	Checkpoint 3: Resposta
1.	1. A
A: How long have you been here?	2. A
B: I have been here for thirteen days.	3. B
A: When did you arrive?	4. B
2.	
A: How long will you be staying?	
B: I will be staying for fifteen more days.	
A: When will you be leaving?	
3.	
A: How long have you been here?	
B: I have been here for two weeks.	
A: When did you arrive?	
4.	
A: How long will you be staying?	
B: I will be staying for three weeks.	
A: When will you be leaving?	

UNIDADE 2
DINHEIRO E COMPRAS

Lição 5 Preço e Formas de Pagamento

Exercício 6: Resposta	Exercício 7: Resposta
2. Forty-nine dollars and sixty-eight cents.	2. are these sunglasses
3. Eighty hundred and sixty-two dollars and ninety-nine cents.	3. is this cell phone
4. Two thousand, one hundred and seventy-three dollars.	4. are these computers

Exercício 8: Áudio	Exercício 8: Resposta
ROGER: Can I help you?	1. C
CLIENTE: I need to buy a cell phone and some sunglasses.	2. A
ROGER: Let me show them to you.	3. B
CLIENTE: How much are these sunglasses?	4. C
ROGER: They're one hundred and forty-three dollars.	
CLIENTE: How much is this cell phone?	
ROGER: It's one hundred and fifty-three dollars.	
CLIENTE: I'll take this one.	
ROGER: How would you like to pay?	
CLIENTE: Do you accept credit cards?	
ROGER: Yes, we do.	
CLIENTE: I will be paying by credit card.	

Lição 6 Trocando Dinheiro

Exercício 6: Resposta		Exercício 8: Resposta	
1. pound sterling	2. Brazilian real	1. A	2. C
3. foreign currency	4. exchange office	3. B	4. A

Exercício 8: Áudio

1.
ADAM: Do you exchange foreign currency here?
BRENT: Yes, we do. What would you like?
ADAM: I'd like to exchange some euros and get some dollars. What is your exchange rate for the euro?
BRENT: The current rate is one euro to point sixty-three dollars. How much do you want to change?
ADAM: I'd like to change eight hundred and ninety euros into dollars.
BRENT: Eight hundred and ninety euros at the current exchange rate is one thousand, four hundred and twelve dollars.
2.
PEGGY: Do you exchange foreign currency here?
BRENT: Yes, we do. What would you like?
PEGGY: I'd like to exchange some euros and get some dollars. What is your exchange rate for the euro?
BRENT: The current rate is one euro to point seventy-three dollars. How much do you want to change?
PEGGY: I'd like to change one thousand and thirty euros into dollars.
BRENT: One thousand and thirty euros at the current exchange rate is one thousand, four hundred and eleven dollars.

Exercício 7: Resposta

1. thirteen hundred ou one thousand, three hundred
2. one hundred and fifty-eight
3. six hundred and thirty-five

Lição 7 Comprando Roupas

Exercício 6: Resposta

1. skirt	2. large
3. dress	4. size
5. pair of pants	6. fitting room

Exercício 7: Resposta

1. C
2. D
3. A
4. B

Exercício 8: Áudio

1.
BARBARA: How can I help you, sir?
DONALD: I am looking for a pair of pants.
BARBARA: What size do you wear?
DONALD: I usually wear extra large.
BARBARA: Here's extra large size.
DONALD: Can I try it on? Where is the fitting room?
BARBARA: The fitting room is over there.
(minutos mais tarde)
BARBARA: Did the pair of pants fit you?
DONALD: The pair of pants is too large. Do you have this in large?
BARBARA: Here's large size.
DONALD: How much is this pair of pants?
BARBARA: It's on sale. It's fifty-four dollars.
DONALD: I'm going to buy it.

Exercício 8: Resposta

1. F
2. V
3. F
4. V
5. V

2.
BARBARA: How can I help you, madam?
PATRICIA: I am looking for a skirt.
BARBARA: What size do you wear?
PATRICIA: I usually wear medium.
BARBARA: Here's medium size.
PATRICIA: Can I try it on? Where is the fitting room?
BARBARA: The fitting room is over there.
(minutos mais tarde)
BARBARA: Did the skirt fit you?
PATRICIA: The skirt is too large. Do you have this in small?
BARBARA: Here's small size.
PATRICIA: How much is this skirt?
BARBARA: It's on sale. It's sixty-four dollars.
PATRICIA: I'm going to buy it.

Lição 8 Comprando Calçados

Exercício 6: Resposta
1. *color*
2. *women's shoes*
3. *loose*
4. *smaller*
5. *half*

Exercício 7: Resposta
What color of running shoes do you prefer?

Exercício 8: Áudio
1.
KENNETH: Can I help you find anything?
DONALD: I'm looking for running shoes.
KENNETH: What's your size?
DONALD: Eleven and a half (11½) or twelve (12).
KENNETH: What color of running shoes do you prefer?
DONALD: I prefer blue.
KENNETH: Ok. Here are sizes eleven and a half (11½) and twelve (12).
(minutos mais tarde)
KENNETH: Did the running shoes fit you?
DONALD: These running shoes are loose. Do you have a smaller size?
KENNETH: Here's size eleven.
DONALD: They fit well. How much are these?
KENNETH: They are one hundred and nine dollars and ninety cents.
DONALD: I'll take these.
2.
KENNETH: Can I help you find anything?
PATRICIA: I'm looking for high heels.
KENNETH: What's your size?
PATRICIA: Nine (9) or nine and a half (9½).
KENNETH: What color of high heels do you prefer?

Exercício 8: Resposta
1. B
2. A
3. A
4. A
5. B

PATRICIA: *I prefer black.*
KENNETH: *Ok. Here are sizes nine (9) and nine and a half (9½).*
(minutos mais tarde)
KENNETH: *Did the shoes fit you?*
PATRICIA: *These shoes are tight. Do you have a larger size?*
KENNETH: *Here's size ten (10).*
PATRICIA: *They fit well. How much are these?*
KENNETH: *They are one hundred and nineteen dollars and ninety cents.*
PATRICIA: *I'll take these.*

Checkpoint #2

Checkpoint 1: Resposta
1. *How would you like to pay?*
2. *Can I help you find anything?*

Checkpoint 2: Resposta
1. D
2. C
3. A
4. E
5. B

Checkpoint 3: Áudio
1.
CLIENTE 1: *The skirt is too large. Do you have this in medium?*
VENDEDORA: *Here's medium size.*
CLIENTE 1: *How much is this skirt?*
VENDEDORA: *It's on sale. It's twenty-eight dollars ($28.00).*
CLIENTE 1: *I'm going to buy it.*
2.
CLIENTE 2: *The dress is too small. Do you have this in large?*
VENDEDORA: *Here's large size.*
CLIENTE 2: *How much is this dress?*
VENDEDORA: *It's on sale. It's sixty-three dollars ($63.00).*
CLIENTE 2: *I'm going to buy it.*
3.
CLIENTE 3: *The jacket is medium. Do you have this in extra large?*
VENDEDORA: *Here's extra large size.*
CLIENTE 3: *How much is this jacket?*
VENDEDORA: *It's on sale. It's seventy-three dollars ($73.00).*
CLIENTE 3: *I'm going to buy it.*

Checkpoint 3: Resposta
1. D – B – E
2. B – C – C
3. E – D – A

UNIDADE 3
TRANSPORTE TERRESTRE

Lição 9 Pedindo Orientações

Exercício 6: Resposta
1. P
2. T
3. P
4. T
5. P

Exercício 7: Resposta
Go down this street for two blocks until you get to Main Street.

Exercício 8: Áudio
1.
JEREMY: Excuse me, could you help me? Is there a theater around here?
FLOYD: There's one near here. It's on High Street.
JEREMY: Can you give me directions to the theater? Can you show me this on the map?
FLOYD: Go down this street for five blocks until you get to High Street. Turn right on High Street. The theater is on your left, across from the museum.
2.
SHARON: Excuse me, could you help me? Is there a post office around here?
FLOYD: There's one near here. It's on Front Street.
SHARON: Can you give me directions to the post office? Can you show me this on the map?
FLOYD: Go down this street for three blocks until you get to Front Street. Turn right on Front Street. The post office is on your left, next to the theater.

Exercício 8: Resposta
1. B
2. C
3. A
4. A
5. B

Lição 10 Pegando o Táxi

Exercício 6: Resposta

1. G – P	7. D – T
2. L – T	8. K – P
3. J – T	9. C – P
4. I – P	10. F – T
5. B – T	11. A – P
6. E – P	12. H – T

Exercício 7: Resposta
1. A
2. C
3. B
4. C
5. A

Exercício 7: Áudio
1.
JOEL: Taxi…Taxi. Can you take me to the Parkway shopping mall?
LEON: Do you have the address?
JOEL: Go to this address, please.
LEON: I can take you there.
JOEL: How far is it to the shopping mall?
LEON: It's about seventeen (17) miles.

JOEL: How long does it take to get to the shopping mall?
LEON: It takes about one thirty-five (35) minutes to get there.
JOEL: How much would it be to the shopping mall?
LEON: It should cost about fifty-one dollars ($51.00).
JOEL: Can I put my luggage in the trunk?
LEON: Let me take care of your luggage.
2.
ANNE: Taxi...Taxi. Can you take me to hotel?
LEON: Do you have the address?
ANNE: Go to this address, please.
LEON: I can take you there.
ANNE: How far is it to the hotel?
LEON: It's about twenty-five (25) miles.
ANNE: How long does it take to get to the hotel?
LEON: It takes about thirty-five (35) minutes to get there.
ANNE: How much would it be to the hotel?
LEON: It should cost about fifty-three dollars ($53.00).
ANNE: Can I put my luggage in the trunk?
LEON: Let me take care of your luggage.

Lição 11 Saindo do Táxi

Exercício 6: Resposta
1. T
2. P
3. P
4. T
5. T

Exercício 7: Resposta
1. light
2. change
3. faster
4. place

Exercício 8: Áudio
1.
JOEL: I need to be there in about thirty (30) minutes. Can you drive more slowly?
LEON: The traffic is light. I'll get there in about twenty (20) minutes.
(20 minutos depois)
LEON: Here we are. This is the place. Where are you getting off?
JOEL: Please stop on the right. How much is it?
LEON: That is forty-five dollars and fifty cents ($45.50).
JOEL: Here's fifty dollars ($50.00).
LEON: Here's your change.
JOEL: Thank you.
2.
ANNE: I need to be there in about ten (10) minutes. Can you drive faster?
LEON: The traffic is light. I'll get there in about five (5) minutes.
(5 minutos depois)
LEON: Here we are. This is the place. Where are you getting off?

Exercício 8: Resposta
1. B
2. C
3. B
4. C
5. A

ANNE: *Please stop on the left. How much is it?*
LEON: *That is sixteen dollars and ninety cents ($16.90).*
ANNE: *Here's twenty dollars ($20.00).*
LEON: *Here's your change.*
ANNE: *Thank you. You can keep the change.*

Lição 12 Escolha do Carro para Aluguel

Exercício 6: Resposta
1. facilities – B
2. available – C
3. brands – A

Exercício 7: Resposta
1. A
2. C
3. A
4. B
5. B

Exercício 7: Áudio
1.
JEREMY: *I would like to rent a car, please.*
JULIE: *What kind of car would you like to rent?*
JEREMY: *What do you have available?*
JULIE: *Economy, mid-size, and full-size.*
JEREMY: *I'd like to rent an economy. What are the brands?*
JULIE: *They may be Peugeot, Honda, or GM.*
JEREMY: *I'll take a GM. What are the car facilities?*
JULIE: *It has CD player and air conditioning.*
JEREMY: *I'd like a car with air conditioning.*
2.
SHARON: *I would like to rent a car, please.*
JULIE: *What kind of car would you like to rent?*
JEREMY: *What do you have available?*
JULIE: *Station wagon, luxury, and economy.*
SHARON: *I'd like to rent a station wagon. What are the brands?*
JULIE: *They may be Honda, Toyota, or Ford.*
SHARON: *I'll take a Toyota. What are the car facilities?*
JULIE: *It has DVD player, air bag protection, and CD player.*
SHARON: *I'd like a car with DVD player.*

Lição 13 Tarifas Diárias e Seguro do Carro

Exercício 6: Resposta
1. daily rate
2. coverage
3. mileage
4. kilometer
5. insurance

Exercício 7: Resposta
Do I have to pay by the
kilometer?

Exercício 8: Resposta
1. A   2. A
3. B   4. A

Exercício 8: Áudio
1.
JEREMY: *What are the daily rates? Is that unlimited mileage?*
JULIE: *That's forty-two dollars ($42.00) per day plus twelve (12) cents per kilometer.*

> JEREMY: What does your insurance cover?
> JULIE: Our CDW offers full coverage.
> JEREMY: How much is the insurance?
> JULIE: You can purchase our insurance for an extra eleven dollars ($11.00) a day.
> JEREMY: I'd like CDW coverage.
> JULIE: How long will you be renting the car?
> JEREMY: I'd like to rent a car for six (6) days.
> 2.
> SHARON: What are the daily rates? Is that unlimited mileage?
> JULIE: That's forty-one dollars ($41.00) per day including mileage.
> SHARON: What does your insurance cover?
> JULIE: Our CDW offers full coverage.
> SHARON: How much is the insurance?
> JULIE: You can purchase our insurance for an extra nine dollars ($9.00) a day.
> SHARON: I'd like EP coverage.
> JULIE: How long will you be renting the car?
> SHARON: I'd like to rent a car for sixteen (16) days.

Checkpoint #3

Checkpoint 1: Resposta
1. post office
2. turn right
3. theater
4. next to
5. how long
6. miles
7. how far
8. address
9. how much

Checkpoint 2: Resposta
1. luxury
2. full-size
3. economic
4. air bag

Checkpoint 3: Resposta
1. C
2. B
3. F
4. E

Checkpoint 3: Áudio
1. Our CDW offers full coverage.
2. How long will you be renting the car?
3. What are the daily rates?
4. How much is the insurance?

UNIDADE 4
HOTEL: CHEGADA E INFORMAÇÕES

Lição 14 Reserva e Vaga

Exercício 6: Resposta
1. C
2. D
3. A
4. B

Exercício 7: Resposta
Can you spell your last name?

Exercício 8: Resposta
1. C   2. A   3. B
4. B   5. A

Exercício 8: Áudio

1.
JOHN: Welcome to the Astor Plaza Hotel. Can I help you?
PETE: Good afternoon. I'd like to check-in.
JOHN: Do you have a reservation?
PETE: No, I don't have a reservation. Do you have any vacancies?
JOHN: We have vacancy. Can you spell your last name?
PETE: It's L – A – C – K – E – Y. Pete Lackey.
2.
JOHN: Welcome to the Astor Plaza Hotel. Can I help you?
SARAH: Good morning. I'd like to check-in.
JOHN: Do you have a reservation?
SARAH: No, I don't have a reservation. Do you have any vacancies?
JOHN: We have vacancy. Can you spell your last name?
SARAH: It's M – U – L – L – E – R. Sarah Muller.

Lição 15 Quarto e Estadia

Exercício 6: Resposta
1. single room
2. two weeks
3. three people

Exercício 7: Resposta
1. people – B
2. room – C
3. nights – A

Exercício 8: Áudio
1.
PETER: What type of room would you like?
RICHARD: I'd like a double room.
PETER: How many people are in your group?
RICHARD: I need a room for three people.
PETER: How many nights will you be staying?
RICHARD: I need a room for two weeks.
2.
PETER: What type of room would you like?
DONNA: I'd like a single room.
PETER: How many people are in your group?
DONNA: I need a room for two people.
PETER: How many nights will you be staying?
DONNA: I need a room for three weeks.

Exercício 8: Resposta
1. B
2. A
3. B
4. B
5. C

Lição 16 Diária e Café da Manhã

Exercício 6: Resposta
1. Do I pay now or at the check out?
2. Is breakfast included in the price?

Exercício 8: Resposta
1. A
2. B
3. B
4. C

Exercício 7: Resposta
1. H – R
2. F – R
3. C – H
4. B – R
5. E – H
6. D – R
7. A – H
8. G – H

Exercício 8: Áudio
1.
DAVID: How much is the room rate?
LINDA: The room rate is forty-nine dollars ($49.00) a night plus tax.
DAVID: Is breakfast included in the price?
LINDA: Yes, breakfast is included in the price.
DAVID: Do I pay now or at check out?
LINDA: You pay when you check out.
DAVID: Do you accept credit cards?
LINDA: We accept American Express and MasterCard.
2.
KIMBERLY: How much is the room rate?
LINDA: The room rate is fifty-eight dollars ($58.00) a night plus tax.
KIMBERLY: Is breakfast included in the price?
LINDA: No, breakfast is not included in the price.
KIMBERLY: Do I pay now or at check out?
LINDA: You pay when you check out.
KIMBERLY: Do you accept credit cards?
LINDA: We accept American Express and MasterCard.

Lição 17 Número do Quarto e Registro

Exercício 6: Resposta
1. seven forty-five ou seven four five
2. seventh
3. two sixty-eight ou two six eight
4. second

Exercício 7: Resposta
1. The bellhop can take your luggage to your room.
2. I need you to complete this registration form.

Exercício 8: Resposta
1. F   *2. F*
3. V   *4. F*

Exercício 8: Áudio
DAVID: What's my room number?
SUSAN: You are in room fifteen forty-one (1541). It's on the fifteenth (15th) floor. I need you to complete this registration form.
DAVID: Can I have my card key?
SUSAN: Here's your card key. Sign here, please.
LAURA: What's my room number?
SUSAN: You are in room five four one (541). It's on the fifth (5th) floor.
DAVID: Can you help me with the luggage?
SUSAN: The bellhop can take your luggage to your room.

Lição 18 Comodidades e Serviços do Hotel

Exercício 6: Resposta
1. eleventh floor
2. twentieth floor
3. opens... five a.m. ...closes...six p.m.
4. opens...five p.m. ...closes...two a.m.

Exercício 7: Resposta
What time does the swimming pool open and close?

Exercício 8: Resposta
1. B   *2. A*   *3. A*   *4. C*

Exercício 8: Áudio

DAVID: *Excuse me. Is there a convenience store in the hotel?*
LINDA: *No, there isn't a convenience store in the hotel.*
DAVID: *Is there a cocktail bar in the hotel?*
LINDA: *Yes, there is a cocktail bar in the hotel.*
LAURA: *Excuse me. Is there a swimming pool in the hotel?*
LINDA: *Yes, there is a swimming pool in the hotel.*
LAURA: *Where is the swimming pool located?*
LINDA: *The swimming pool is on the twelfth (12th) floor.*
LAURA: *What time does the swimming pool open and close?*
LINDA: *It opens at six (6:00) a.m. and closes at seven (7:00) p.m.*
DAVID: *What time does the cocktail bar open and close?*
LINDA: *It opens at seven (7:00) p.m. and closes at two thirty (2:30) a.m.*

Checkpoint #4

Checkpoint 1: Resposta
1. H
2. R
3. H
4. R
5. R
6. H
7. H

Checkpoint 2: Resposta
1. *What type of room would you like?*
2. *How many people are in your group?*
3. *How many nights will you be staying?*

Checkpoint 3: Resposta
1. *eight sixty-three...eighth*
2. *twelve thirteen...twelfth*
3. *sixteen sixty-one...sixteenth*

Checkpoint 3: Áudio
1.
HÓSPEDE: *What's my room number?*
SUSAN: *You are in room eight sixty-three (863). It's on the eighth (8th) floor.*
2.
HÓSPEDE: *What's my room number?*
SUSAN: *You are in room twelve thirteen (1213). It's on the twelfth (12th) floor.*
3.
HÓSPEDE: *What's my room number?*
SUSAN: *You are in room sixteen sixty-one (1661). It's on the sixteenth (16th) floor.*

UNIDADE 5
HOTEL: ESTADIA E SAÍDA

Lição 19 Problemas no Quarto

Exercício 6: Resposta
1. *heater*
2. *cable TV*
3. *blanket*
4. *hanger*

Exercício 7: Resposta
1. C – R
2. D ou F – H
3. E – R
4. G – R
5. A – R
6. D ou F – H
7. B – H

Exercício 8: Áudio

1.
LINDA: Front desk. May I help you?
DAVID: This is room fourteen oh three (1403). I have a problem with my room.
LINDA: What seems to be the problem?
DAVID: I need some pillows.
LINDA: Would you like anything else?
DAVID: The heater isn't working.
LINDA: We will send someone right up.
2.
LINDA: Front desk. May I help you?
LAURA: This is room fifteen twelve (1512). I have a problem with my room.
LINDA: What seems to be the problem?
LAURA: Can you explain how to use the air conditioner?
LINDA: Would you like anything else?
LAURA: The remote control isn't working.
LINDA: We will send someone right up.

Exercício 8: Resposta

1. F
2. V
3. F
4. V
5. F

Lição 20 Problemas no Banheiro

Exercício 6: Resposta

1. shower
2. bathtub
3. hairdryer
4. toilet paper
5. towel

Exercício 7: Resposta

1. dripping
2. light
3. clogged
4. full

Exercício 8: Áudio

1.
LINDA: Front desk. May I help you?
DAVID: This is room thirteen twelve (1312). I have a problem with my bathroom.
LINDA: What seems to be the problem?
DAVID: I need some soap.
LINDA: Would you like anything else?
DAVID: The bathtub is dirty.
LINDA: We're sorry about that. I'll send someone up.
2.
LINDA: Front desk. May I help you?
LAURA: This is room twelve thirteen (1213). I have a problem with my bathroom.
LINDA: What seems to be the problem?
LAURA: I need some towels.
LINDA: Would you like anything else?
LAURA: The shower doesn't work.
LINDA: We're sorry about that. I'll send someone up.

Exercício 8: Resposta

1. V
2. F
3. F
4. V
5. V

Lição 21 Serviço de Lavanderia

Exercício 6: Resposta
1. pants
2. dress
3. shirt
4. suits

Exercício 7: Resposta
1. E – R	2. D – H
3. G – R	4. A – R
5. F – H	6. C – R
7. B – H	

Exercício 8: Áudio
1.
LINDA: Front desk. May I help you?
DAVID: This is room one thirty–five (135). I'd like a room service.
LINDA: What kind of service do you need?
DAVID: I need laundry service. I have some shirts to be ironed and some pants to be washed.
LINDA: When do you need them?
DAVID: I need them by seven (7:00) p.m.
LINDA: Please, put the clothes in the laundry bag. We will send someone right up.
2.
LINDA: Front desk. May I help you?
LAURA: This is room one fifty–three (153). I'd like room service.
LINDA: What kind of service do you need?
LAURA: I need laundry service. I have a dress to be washed and some skirts to be ironed.
LINDA: When do you need them?
LAURA: I need them by seven (7:00) a.m.
LINDA: Please, put the clothes in the laundry bag. We will send someone right up.

Exercício 8: Resposta
1. B
2. C
3. A
4. C

Lição 22 Ligações Telefônicas do Hotel

Exercício 6: Resposta
1. city code
2. operator
3. phone call
4. country code

Exercício 7: Resposta
1. operator
2. outside
3. outside
4. press
5. place
6. phone call
7. country code
8. city code
9. country code
10. city code

Exercício 8: Áudio
1.
JIM: Operator. May I help you?
DAVID: This is room four sixty–nine (469). I need an outside phone line.

Exercício 8: Resposta
1. V	2. V	3. F
4. F	5. F	

JIM: To get an outside phone line, press one. We can place a call for you if you want.
DAVID: I'd like to make a phone call to Rio de Janeiro, Brazil.
JIM: What are the country code, the city code, and the phone number?
DAVID: The country code is fifty-five (55), the city code is twenty-one (21), and the number is five double seven, three one double six (577-3166).
2.
JIM: Operator. May I help you?
LAURA: This is room thirteen twenty-seven (1327). I need an outside phone line.
JIM: To get an outside phone line, press one. We can place a call for you if you want.
LAURA: I'd like to make a phone call to Quebec City, Canada.
JIM: What are the country code, the city code, and the phone number?
LAURA: The country code is one (1), the city code is four one eight (418), and the number is five oh six, double two double nine (506-2299).

Lição 23 Saindo do Hotel (Check out)

Exercício 6: Resposta
1. potato chips
2. in cash
3. crackers
4. with a traveler's check

Exercício 7: Resposta
1. Can you prepare the bill for me?
2. Did you have anything from the mini bar?

Exercício 8: Resposta
1. B   2. D
3. A   4. A

Exercício 8: Áudio
1.
DAVID: I'd like to check out. I'm in room twenty thirteen (2013). Can you prepare the bill for me?
LINDA: Did you have anything from the mini bar?
DAVID: I had some candy bars and some crackers.
LINDA: Here's your bill. The total comes to seventy-four dollars and nine cents ($74.09). How will you be paying?
DAVID: I will be paying with a traveler's check.
LINDA: Here is your receipt. Thank you for choosing the Sunshine Plaza Hotel.
2.
LAURA: I'd like to check out. I'm in room twelve thirteen (1213). Can you prepare the bill for me?
LINDA: Did you have anything from the mini bar?
LAURA: I had some potato chips and some candy bars.
LINDA: Here's your bill. The total comes to ninety-three dollars and ninety cents ($93.90). How will you be paying?
LAURA: I will be paying with a check.
LINDA: Here is your receipt. Thank you for choosing the Sunshine Plaza Hotel.

Checkpoint #5

Checkpoint 1: Resposta
1. Could I have my room cleaned?
2. I need some soap.

Checkpoint 2: Resposta
1. H   2. R   3. R
4. R   5. H

Checkpoint 3: Áudio

1.
HÓSPEDE 1: I'd like to make a phone call to Pisa, Italy. It's P-I-S-A.
JIM: What are the country code, the city code, and the phone number?
HÓSPEDE 1: The country code is thirty-nine (39), the city code is eighty-one (81), and the number is ....
2.
HÓSPEDE 2: I'd like to make a phone call to Acapulco, Mexico. It's A-C-A-P-U-L-C-O.
JIM: What are the country code, the city code, and the phone number?
HÓSPEDE 1: The country code is fifty-two (52), the city code is seven forty-four (744), and the number is ....
3.
HÓSPEDE 3: I'd like to make a phone call to Osaka, Japan. It's O-S-A-K-A.
JIM: What are the country code, the city code, and the phone number?
HÓSPEDE 1: The country code is eighty-one (81), the city code is sixty-six (66), and the number is ....

Checkpoint 3: Resposta

1. Pisa; 39; 81
2. Acapulco; 52;744
3. Osaka; 81;66

UNIDADE 6
RESTAURANTE

Lição 24 Entrando no Restaurante

Exercício 6: Resposta

1. in the middle
2. smoking area
3. in the corner
4. how many

Exercício 7: Resposta

1. I would like a table in the middle.
2. Your waiter will be with you right away to take your order.

Exercício 8: Áudio

1.
MIKE: Welcome to the Lone Star. A table for how many?
DAVID: A table for five, please. Do you have a smoking area?
MIKE: Could you follow me, please?
DAVID: Can you get us a table in the middle?
MIKE: I hope this table is OK for you. Your waiter will be with you right away to take your order.
2.
MIKE: Welcome to the Lord of the Fries. A table for how many?
LAURA: A table for five, please. Do you have a non-smoking area?
MIKE: Could you follow me, please?

Exercício 8: Resposta

1. A
2. B
3. B
4. B

LAURA: Can you get us a table in the corner?
MIKE: I hope this table is OK for you. Your waiter will be with you right away to take your order.

Lição 25 Pedindo Aperitivos

Exercício 6: Resposta
1. coleslaw
2. crab dip
3. onion rings
4. spinach dip

Exercício 7: Resposta
1. C – G
2. G – G
3. A – G
4. F – C
5. D – C
6. B – C
7. E – G

Exercício 8: Áudio
1.
PETER: Good afternoon. My name is Peter and I'll be your waiter. Can I help you?
DAVID: Can you give us the menu, please?
PETER: Here's the menu. Would you like an appetizer before your meal?
DAVID: Yes, I'd like an appetizer. What have you got?
PETER: We've got smoked salmon dip, guacamole dip, and mixed nuts.
DAVID: For an appetizer, I would like a guacamole dip.
PETER: I will bring your appetizer immediately.
2.
PETER: Good evening. My name is Peter and I'll be your waiter. Can I help you?
LAURA: Can you give us the menu, please?
PETER: Here's the menu. Would you like an appetizer before your meal?
LAURA: Yes, I'd like an appetizer. What have you got?
PETER: We've got onion rings, spinach dip, and artichoke dip.
LAURA: For an appetizer, I would like an artichoke dip.
PETER: I will bring your appetizer immediately.

Exercício 8: Resposta
1. B
2. C
3. B
4. B
5. C

Lição 26 Pedindo Bebidas

Exercício 6: Resposta
1. mineral water
2. iced tea
3. apple juice
4. soft drinks

Exercício 8: Áudio
1.
PETER: Would you like something to drink?

Exercício 7: Resposta
1. What kind of juices do you have?
2. What would you like to drink?

Exercício 8: Resposta
1. B   2. C   3. A
4. A   5. B

DAVID: I would like a glass of mineral water. No ice.
PETER: Anything else?
DAVID: An apple juice with ice, please.
PETER: I'm sorry, but we've run out of apple juice.
DAVID: What kind of juices do you have?
PETER: We have lemonade and orange juice.
DAVID: A lemonade, please. No ice.
PETER: I'll be right back with your drinks.
2.
PETER: Would you like something to drink?
LAURA: I would like an orange juice with ice.
PETER: Anything else?
LAURA: A lemonade with ice, please.
PETER: I'm sorry, but we've run out of lemonade.
LAURA: What kind of soft drinks do you have?
PETER: We have Coke and Diet Coke.
LAURA: A Diet Coke with ice, please.
PETER: I'll be right back with your drinks.

Lição 27 Pedindo a Comida

Exercício 6: Resposta
1. A
2. E
3. D
4. C
5. B

Exercício 7: Resposta
1. B
2. C
3. A
4. D

Exercício 8: Áudio
PETER: Are you ready to order?
DAVID: Yes, I'm ready to order.
PETER: What would you like to order?
DAVID: I'd like to have the fish.
PETER: How would you like that cooked?
DAVID: I'd like it fried.
PETER: Would you like a side salad?
DAVID: What salads do you have?
PETER: We have Caesar salad and green salad.
DAVID: I'd like Caesar salad.

Exercício 8: Resposta
1. E - cooked
2. D - fish
3. B
4. H - salads
5. J - Casesar salad
6. A
7. I - Caesar salad; green salad
8. G - salad
9. F - fried
10. C

Lição 28 Pedidos e Reclamações

Exercício 6: Resposta
1. plate
2. knife
3. fork
4. spoon

Exercício 7: Resposta
1. chef
2. underdone
3. anything
4. cook

Exercício 8: Áudio

1.
PETER: *Is there anything I can get you?*
DAVID: *I have no knife.*
PETER: *I'll get you a knife. How's the food?*
DAVID: *This dish is overdone.*
PETER: *We're sorry about that. I'll get you another dish.*
2.
LAURA: *Can I have a fork?*
PETER: *I'll get you a fork. Is there anything else I can get you?*
LAURA: *This plate is dirty. Can you bring me another plate?*
PETER: *We're sorry about that. I'll get you another plate. How's the food?*
LAURA: *This dish is underdone. Could you cook it a little more?*
PETER: *We're sorry about that. I'll get the chef to cook it some more.*

Exercício 8: Resposta

1. B
2. A
3. A
4. B
5. A

Lição 29 Sobremesa, Café e Conta

Exercício 6: Resposta

1. chocolate cake
2. black coffee
3. apple pie
4. fruit salad
5. ice cream

Exercício 7: Resposta

1. pay – B
2. service – C
3. dessert – A

Exercício 8: Áudio

1.
PETER: *Would you like some dessert?*
DAVID: *I'd like a fruit salad.*
PETER: *What would you like for dessert, madam?*
LYNN: *I'd like a chocolate cake.*
PETER: *Would you like some coffee, madam?*
LYNN: *I'd like a black coffee.*
PETER: *Would you like some coffee, sir?*
DAVID: *I'd like an espresso. Could I have the bill, please?*
PETER: *Here's your bill.*
DAVID: *Is service included?*
PETER: *Service is not included in the bill, sir. How would you like to pay?*
DAVID: *I will be paying by credit card.*
2.
PETER: *Would you like some dessert, madam?*
LAURA: *I'd like an apple pie.*
PETER: *What would you like for dessert, sir?*
LARRY: *I'd like a cheesecake.*
PETER: *Would you like some coffee, sir?*
LARRY: *I'd like an espresso.*
PETER: *Would you like some coffee, madam?*

Exercício 8: Resposta

1. A
2. D
3. B
4. D
5. B

> LAURA: I'd like a cappuccino. Could I have the bill, please?
> PETER: Here's your bill.
> LAURA: Is service included?
> PETER: Service is included in the bill, madam. How would you like to pay?
> LAURA: I will be paying by credit card.

Checkpoint #6

Checkpoint 1: Resposta
1. C
2. G
3. G
4. C
5. G
6. C
7. G

Checkpoint 2: Resposta
1. appetizer; meal – B
2. got – A
3. menu – C

Checkpoint 3: Áudio
PETER: Would you like something to drink?
GERALD: I would like a Coke with ice.
PETER: Anything else?
GERALD: An orange juice, please. No ice.
PETER: I'm sorry, but we've run out of orange juice.
GERALD: What kind of juices do you have?
PETER: We have apple juice and lemonade.
GERALD: A lemonade, please. No ice.
PETER: I'll be right back with your drinks.

Checkpoint 3: Resposta
1. something
2. Coke with ice
3. anything
4. orange juice
5. orange juice
6. juices
7. apple juice
8. lemonade
9. lemonade

UNIDADE 7
TRANSPORTE AÉREO: AEROPORTO

Lição 30 Companhia Aérea e Destino

Exercício 6: Resposta
1. return flight
2. travel
3. airline
4. flight
5. date

Exercício 7: Resposta
1. flight; fourth
2. two; Chicago
3. catch; return
4. buy; ticket

Exercício 8: Áudio
1.
JERRY: What's your destination?
SCOTT: I want to buy a plane ticket to Toronto.
JERRY: Which airline would you like to use?
SCOTT: I prefer to fly American Airlines.
JERRY: How many tickets do you need?
SCOTT: I want three tickets to Toronto.
JERRY: What date will you be traveling?

Exercício 8: Resposta
1. F
2. F
3. V
4. V
5. V

SCOTT: *I would like to catch a flight on the thirteenth (13th).*
JERRY: *When will you be returning?*
SCOTT: *I'd like to catch a return flight on the twenty-third (23th).*
2.
JERRY: *What's your destination?*
TINA: *I want to buy a plane ticket to Orlando.*
JERRY: *Which airline would you like to use?*
TINA: *I prefer to fly American Airlines.*
JERRY: *How many tickets do you need?*
TINA: *I want three tickets to Orlando.*
JERRY: *What date will you be traveling?*
TINA: *I would like to catch a flight on the ninth (9th).*
JERRY: *When will you be returning?*
TINA: *I'd like to catch a return flight on the twenty-fourth (24th).*

Lição 31 Assento e Preço da Passagem

Exercício 6: Resposta
1. *first class*
2. *window seat*
3. *seat number*
4. *aisle seat*

Exercício 7: Resposta
1. *middle seat*
2. *business class*
3. *one hundred and seventy-six dollars*
4. *plane ticket*

Exercício 8: Áudio
1.
SCOTT: *Is it possible to choose my seat now?*
JERRY: *Yes. Do you want to fly economy class or business class?*
SCOTT: *I prefer business class.*
JERRY: *Would you prefer a middle seat or a window seat?*
SCOTT: *I'd prefer a window seat. What's my seat number?*
JERRY: *Your seat number is twelve A (12A).*
SCOTT: *How much is the plane ticket?*
JERRY: *The cost of this flight is three hundred and twenty-three dollars ($323.00) per person.*
SCOTT: *Let's go with that.*
2.
TINA: *Is it possible to choose my seat now?*
JERRY: *Yes. Do you want to fly first class or business class?*
TINA: *I prefer business class.*
JERRY: *Would you prefer a middle seat or a window seat?*
TINA: *I'd prefer an aisle seat. What's my seat number?*
JERRY: *Your seat number is twenty-two C (22C).*
TINA: *How much is the plane ticket?*
JERRY: *The cost of this flight is four hundred and twelve dollars ($412.00) per person.*
TINA: *Let's go with that.*

Exercício 8: Resposta
1. V
2. F
3. V
4. V
5. F

Lição 32 Check-in no Aeroporto

Exercício 6: Resposta
1. scale
2. tags
3. baggage allowance
4. hand luggage

Exercício 7: Resposta
1. A
2. A
3. P
4. P
5. A

Exercício 8: Áudio
1.
SCOTT: Hi. I want to check-in.
DOUG: Where are you flying today?
SCOTT: I'm on flight AA five six seven (567) to Las Vegas.
DOUG: May I see your ticket and your passport? Do you have any baggage to check-in?
SCOTT: I have three suitcases to check. I have one hand luggage.
DOUG: Please, put your bags on the scale.
SCOTT: What's the baggage allowance per passenger?
DOUG: It's twenty-seven (27) kilos per passenger. Here are your luggage tags.
2.
SCOTT: Hi. I want to check-in.
TINA: What is your flight number?
SCOTT: I'm on flight AA five three seven (537) to Los Angeles.
TINA: May I see your ticket and your passport? Do you have any baggage to check-in?
SCOTT: I have three suitcases to check. I have two hand luggages.
TINA: Please, put your bags on the scale.
SCOTT: What's the baggage allowance per passenger?
TINA: It's thirty (30) kilos per passenger. Here are your luggage tags.

Exercício 8: Resposta
1. B
2. A
3. A
4. B
5. C

Lição 33 Inspeção de Segurança

Exercício 6: Resposta
1. shampoo
2. mouthwash
3. billfold
4. pocket

Exercício 7: Resposta
Can you please open your bag for me?

Exercício 8: Resposta
1. B   2. B   3. A
4. C   5. A

Exercício 8: Áudio
1.
ANDY: Keys, coins, billfolds, if you have any items in your pocket, put them in the tray. Go through the metal detector.
(soa o alarme do detector de metais)
SCOTT: I must have missed a couple of keys in my pocket.

ANDY: Go through the metal detector again. Do you have any liquids, gels, and aerosols?
SCOTT: I have some moisturizing lotion and some perfume.
ANDY: Can you please open your bag for me?
ANDY: This moisturizing lotion is too large. I'm afraid you'll have to leave it here.
SCOTT: I'm sorry. I had no idea about that.
ANDY: Here let me stamp your boarding card.
2.
ANDY: Keys, coins, billfolds, if you have any items in your pocket, put them in the tray. Go through the metal detector.
(soa o alarme do detector de metais)
TINA: I must have missed a couple of coins in my pocket.
ANDY: Go through the metal detector again. Do you have any liquids, gels, and aerosols?
TINA: I have some mouthwash and some shampoo.
ANDY: Can you please open your bag for me?
ANDY: This mouthwash is too large. I'm afraid you'll have to leave it here.
TINA: I'm sorry. I had no idea about that.
ANDY: Here let me stamp your boarding card.

Lição 34 Passando pela Imigração

Exercício 6: Resposta
1. purpose – C
2. staying – A
3. coming – B

Exercício 7: Resposta
How long do you plan to stay in the country?

Exercício 8: Resposta
1. C	2. B	3. B
4. B	5. B	

Exercício 8: Áudio
1.
ERIC: May I see your passport and your customs declaration form? Where are you coming from?
SCOTT: I'm coming from Bogotá, Colombia.
ERIC: What is the purpose of your visit?
SCOTT: I'm here for medical treatment.
ERIC: How long do you plan to stay in the country?
SCOTT: I'll be here for three months.
ERIC: Where will you be staying?
SCOTT: I'll be staying with some friends.
2.
ERIC: May I see your passport and your customs declaration form? Where are you coming from?
TINA: I'm coming from Brussels, Belgium.
ERIC: What is the purpose of your visit?
TINA: I'm here to study.
ERIC: How long do you plan to stay in the country?
TINA: I'll be here for three years.
ERIC: Where will you be staying?
TINA: I'll be staying with some relatives.

Lição 35 Passando pela Alfândega

Exercício 6: Resposta
1. packs of cigarettes
2. plants
3. bottle of wine
4. personal belongings

Exercício 7: Resposta
1. D – T
2. E – F
3. B – T
4. G – F
5. F – T
6. A – F
7. C – F

Exercício 8: Áudio
1.
DENNIS: Do you have anything to declare?
SCOTT: I'd like to declare these things. I have some plants and some liquor.
DENNIS: How much money do you have with you?
SCOTT: I have three thousand, five hundred dollars ($3,500.00) with me.
DENNIS: What do you have in this suitcase?
SCOTT: I have some personal belongings and some books.
DENNIS: Have a nice stay in the United States.
2.
DENNIS: Do you have anything to declare?
TINA: I'd like to declare these things. I have four packs of cigarettes and a bottle of wine.
DENNIS: How much money do you have with you?
TINA: I have three thousand, six hundred dollars ($3,600.00) with me.
DENNIS: What do you have in this suitcase?
TINA: I have some personal belongings and some clothes.
DENNIS: Have a nice stay in the United States.

Exercício 8: Resposta
1. C
2. C
3. A
4. A
5. B

Checkpoint #7

Checkpoint 1: Resposta
1. check-in
2. flying
3. JJ875
4. passport
5. baggage
6. suitcases
7. bags
8. passenger
9. twenty-three (23)

Checkpoint 2: Resposta
1. relatives
2. vacation
3. treatment

Checkpoint 3: Resposta
1. primeira classe – 27 D – $373.00
2. assento no meio – 17 B – $569.00
3. assento no corredor – 34 A – $284.00

Checkpoint 3: Áudio
1.
JERRY: Do you want to fly first class or business class?
SCOTT: I prefer first class. What's my seat number?
JERRY: Your seat number is twenty-seven D (27 D).

> SCOTT: How much is the plane ticket?
> JERRY: The cost of this flight is three hundred and seventy-three dollars ($373.00) per person.
> 2.
> JERRY: Would you prefer a middle seat or a window seat?
> NICHOLAS: I'd prefer a middle seat. What's my seat number?
> JERRY: Your seat number is seventeen B (17 B).
> NICHOLAS: How much is the plane ticket?
> JERRY: The cost of this flight is five hundred and sixty-nine dollars ($569.00) per person.
> 3.
> JERRY: Would you prefer an aisle seat or a window seat?
> TINA: I'd prefer an aisle seat. What's my seat number?
> JERRY: Your seat number is thirty-four A (34 A).
> TINA: How much is the plane ticket?
> JERRY: The cost of this flight is two hundred and eight-four dollars ($284.00) per person.

UNIDADE 8
TRANSPORTE AÉREO: AVIÃO

Lição 36 Embarcando no Avião

Exercício 6: Resposta
1. in the middle
2. on the right
3. by the window
4. on the left

Exercício 7: Resposta
Excuse me. I believe that's my seat.

Exercício 8: Resposta
1. B   2. A
3. A   4. B

Exercício 8: Áudio
1.
EQUIPE DE SOLO: Can I see your boarding card and some ID please? Have a nice flight.
COMISSÁRIA: May I see your boarding card?
SCOTT: Where is my seat?
COMISSÁRIA: Your seat is thirty-one E (31 E). Your seat is on the left in the middle.
SCOTT: Excuse me. I believe that's my seat. What's your seat number?
PASSAGEIRA: Let me check my boarding pass. My seat number is thirty-two E (32 E). You are right. Sorry. I'll just move.
2.
EQUIPE DE SOLO: Can I see your boarding card and some ID please? Have a nice flight.
COMISSÁRIA: May I see your boarding card?
TINA: Where is my seat?
COMISSÁRIA: Your seat is twenty-seven A (27 A). Your seat is on the right by the window.
TINA: Excuse me. I believe that's my seat. What's your seat number?
PASSAGEIRO: Let me check my boarding pass. My seat number is twenty-seven C (27 C). It's in the aisle. You are right. Sorry. I'll just move.

Lição 37 Refeições no Voo

Exercício 6: Resposta
1. water
2. orange juice
3. fish
4. beef
5. soft drinks
6. grape juice

Exercício 7: Resposta
We will be serving lunch.
Would you like something
to eat?

Exercício 8: Resposta
1. F   2. V   3. V
4. F   5. F

Exercício 8: Áudio
1.
SCOTT: What kind of drinks do you have?
CALVIN: We have juices, soft drinks, and water.
SCOTT: What kind of juices and soft drinks do you have?
CALVIN: We have grape juice, apple juice, Pepsi, and Sprite.
SCOTT: Please, give me a grape juice with ice.
CALVIN: We will be serving lunch. Would you like something to eat?
SCOTT: What do you have for lunch?
CALVIN: We have beef and fish.
SCOTT: I'll have the beef.
2.
TINA: What kind of drinks do you have?
CALVIN: We have juices, soft drinks, and water.
TINA: What kind of juices do you have?
CALVIN: We have orange juice, apple juice, Coke, and Diet Coke.
TINA: Please, give me a Diet Coke with ice.
CALVIN: We will be serving lunch. Would you like something to eat?
TINA: What do you have for lunch?
CALVIN: We have fish and beef.
TINA: I'll have the fish.

Lição 38 Mal-Estar no Voo

Exercício 6: Resposta
1. stuffed
2. diarrhea
3. medicine
4. headache

Exercício 7: Resposta
1. sneezing
2. nose
3. tablet
4. feeling

Exercício 8: Áudio
1.
SCOTT: Excuse me. I don't feel well.
CALVIN: You don't look well. What are you feeling?
SCOTT: I'm sneezing. And my nose is stuffed.
CALVIN: Take fifteen drops of this medicine.
(alguns minutos mais tarde)
CALVIN: Are you feeling better now?
2.
TINA: Excuse me. I don't feel well.
CALVIN: You don't look well. What are you feeling?

Exercício 8: Resposta
1. B
2. C
3. A
4. B
5. B

TINA: I've got a headache. And I'm coughing.
CALVIN: Take two table spoonful of this medicine.
(alguns minutos mais tarde)
CALVIN: Are you feeling better now?

Lição 39 Preparando-se para Aterrissar

Exercício 6: Resposta
1. local time
2. to fill
3. land
4. degrees

Exercício 7: Resposta
1. C   2. P   3. P
4. C   5. C

Exercício 8: Resposta
1. A   2. B   3. B
4. A   5. B

Exercício 8: Áudio
1.
SCOTT: When will we land at Dallas-Fort Worth International Airport?
EVELYN: We will be landing in about thirty (30) minutes.
SCOTT: What's the temperature in Dallas right now?
EVELYN: The temperature in Dallas right now is eighty-five (85) degrees Fahrenheit.
SCOTT: What is the local time in Dallas?
EVELYN: The local time in Dallas right now is two thirty (2:30) p.m.
SCOTT: What's this form for?
EVELYN: This is a Customs and Immigration form that all visitors are required to fill in.
SCOTT: Please, tell me how to fill this form.
2.
TINA: When will we land at George Bush International Airport?
EVELYN: We will be landing in about twenty (20) minutes.
TINA: What's the temperature in Houston right now?
EVELYN: The temperature in Houston right now is eighty-five (85) degrees Fahrenheit.
TINA: What is the local time in Miami?
EVELYN: The local time in Miami right now is three thirty (3:30) p.m.
TINA: What's this form for?
EVELYN: This is a Customs and Immigration form that all visitors are required to fill in.
TINA: Please, tell me how to fill this form.

Checkpoint #8

Checkpoint 1: Resposta
1. P
2. C
3. C
4. P
5. C

Checkpoint 2: Resposta
1. Take one table spoonful of this medicine.
2. Do you have some medicine for airsickness?
3. You don't look well. What are you feeling?

Checkpoint 3: Resposta
1. orange juice; fish
2. Pepsi; beef

Checkpoint 3: Áudio

1.
RANDY: What kind of soft drinks do you have?
TROY: We have Coke, Diet Coke, and Sprite.
RANDY: Please, give me an orange juice with ice. What do you have for lunch?
TROY: We have fish and chicken.
RANDY: I'll have the fish.
2.
AMANDA: What kind drinks do you have?
TROY: We have Coke, Pepsi, apple juice, and grape juice.
AMANDA: Please, give me a Pepsi with ice. What do you have for lunch?
TROY: We have chicken, beef, and fish.
AMANDA: I'll have the beef.

Anotações

Anotações

Este livro foi impresso em janeiro de 2018
pela Orgrafic Gráfica e Editora Ltda.,
sobre papel offset 75g/m².